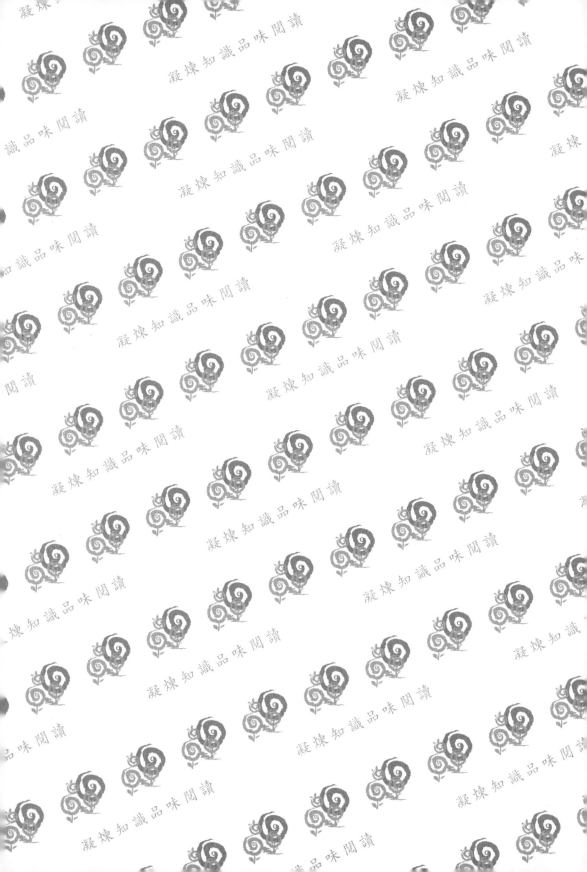

作者序

　　這本書是專門為社會和行為科學的學生所設計的，讓他們可以在複雜的文獻回顧寫作過程中，能夠獲得具有實用性的指引。

　　當《如何撰寫文獻回顧》在1999年剛出版時，大多數的期刊仍只提供紙本形式的論文，那個時候的各大學圖書館才正開始採用數位研究工具，來協助搜尋現有的研究文獻。時至今日，目前幾乎各大學的圖書館都已數位化，因此為了因應當前新的數位環境，作者重新撰寫了現在這個版本的《如何撰寫文獻回顧》。

　　本書作者的女兒為《如何撰寫文獻回顧》的新任共同作者，她目前也是位大學教授，受益於現代化的數位圖書館。藉由她在數位資料庫上的專業，與近期完成博士學位的經驗，其協助重新架構本書的內容。這本書幾乎全部重新撰寫與更新，先從有關資料庫搜尋的步驟開始、追蹤引用文獻、整理從閱讀文獻中獲得的細節、到製作出參考文獻列表或是參考書目，作者重新編撰上述的這些部分，以呼應現代圖書館的數位進展。

　　第七版《如何撰寫文獻回顧》仍維持它的主要目的，就是回顧那些發表在學術期刊上的原創性研究，並且與理論性文獻寫作有緊密的關聯。然而在本書中所提出的準則，大多數也是可以用於回顧其他類型的資料，並且根據其他領域的讀者意見回饋，亦認為本書所提出的準則，可以輕易地融入學期中的逐週教學內容。事實上，在美國已有接近百所大學校系採用本書，並且在2012年更出版了中文版，在台灣和大陸也有許多大學使用這本書作為課程教材。

本書讀者群

　　《如何撰寫文獻回顧》有三個主要的讀者群：

　　首先，這本書是為了社會與行為科學領域的課程中，期中報告被指定要寫出一篇文獻回顧的學生所撰寫。這些學生早期受過的訓練通常無法讓他們準備好面對這項困難的任務——回顧現有的研究文獻，撰寫一篇具統整性的短篇論文，並且還要有自己的原創觀點。對於大學一、二年級的學生來說，不論是在學習搜尋原創性研究論文與相關理論文獻的資料庫、分析獨特類型的文獻，或是統整這些資料並且書寫成具有統整性的論述，他們在進行這些活動時，還是需要一些引導。在這些學生讀高中的時候，也許已經懂得使用次級資料來源，像是百科全書、大眾媒體上的報告，以及統整他人研究的書籍。然而現在他們需要取得原始的研究論文，也需要學習書寫學術文章的各種慣例。這本書就是用來滿足這些落差，藉由提供詳盡與按部就班的指引，教導學生如何進行文獻搜尋，以及如何使用第一手資料撰寫完整且全面的文獻回顧。

　　再者，當學生開始要著手進行他們的碩士論文與博士論文寫作時，也可以從這本書中獲益。尤其是如果他們從未接受過完整充分的訓練，對於如何批判性地分析那些已發表的研究與其所立基的理論，本書將可提供更大的幫助。撰寫碩博士論文的過程是充滿壓力的，當學生開始著手準備文獻回顧的章節時，這本書可以幫助學生鎮定並找出書寫的邏輯。

　　最後，對於要撰寫期刊投稿論文中的文獻回顧，以及必須在獎助金計畫書納入文獻回顧的作者們，也會發現這本書可以用來掌握並找出論文或計畫書的寫作關鍵。

本書特色

　　《如何撰寫文獻回顧》和一般用來教分析寫作的教科書不同之處，為以下特色：

■ 本書採用系統化與自然發展的步驟，也就是作文老師所謂的「寫作歷

程」（writing process），來編寫各章節的內容。

■ 本書的焦點在於原創研究的評論性文獻回顧寫作。

■ 本書是基於二十一世紀大學圖書館的數位環境。

■ 本書系統性地組織各章節的步驟和準則，並且以不同的學術期刊論文作為範例展示。

■ 每個章節的設計，是用來幫助學生發展建立一套特定的能力或技能，有助於學生寫出高品質的文獻回顧。

新版創新之處

那些熟悉先前《如何撰寫文獻回顧》版本的讀者，會發現此版中有新增一些重要部分，包括以下：

■ 新版經過重新撰寫與編排，可以呼應現代電子數位圖書的許多工具。在撰寫這本書的初版時，研究者大都完全依靠大學圖書館書架上，那些印出來的紙本期刊書籍。而現在你如果去問學生，他們可能對於圖書館的實體館藏感到非常陌生，現在幾乎都是藉由網路來查找圖書館的資料，不管是從家裡電腦或校園電腦連上的網路皆可辦到。這些變化讓我們必須大幅重新架構《如何撰寫文獻回顧》，以反映現今大量依賴期刊文章數位資料庫與數位典藏的現象。

■ 新加入的共同作者專精於現今數位圖書研究工具，對這次改版大有助益。

■ 本書的章節也經過重新編排，將舊章節以不同的部分呈現，用於協助學生將文獻回顧這項龐大的工作，拆解成一連串的小步驟。這些較小的步驟，讓學生可以較為容易能在一個學期的時限內，按部就班地完成寫作歷程。

■ 新的第二章，對於新數位工具的使用方式逐步提供指引，這些都已是研究型圖書館的標準操作內容。

■ 完整地重新組織本書各個章節內容，以回應長期採用本書的學者與其學生給予的意見。

■ 我們增加對現有數位工具的全面性評論，包括書目管理軟體與抄襲查驗軟體。

■ 搭配重新架構的章節內容，增加新的章節活動。

■ 之前長期使用者的回饋表示，文獻回顧範例相當有用，我們亦新增一些文獻回顧範例。這些可以用來當作課堂討論的基礎，也可以用來當作課程結束後的活動教材。

輔助資源

授課老師教學網址（www.routledge.com/9780415315746，需密碼），其中包含協助授課老師規劃並教授課程所需的各種資源，像是有PowerPoint簡報，授課老師可以在課堂上用來簡介本書的主要內容，並提供包含關鍵名詞和定義的記事卡。

給授課老師的注意事項

許多專科學校和大學已經採用「全課程寫作」計畫，這是指要求學生在所有的課程中，都需要寫出論文。儘管這項計畫的目標令人欽佩，但在顧及傳統課程教學內容的同時，還要留出一些時間來教導學生寫作，許多授課老師可能會因此感受到強大的時間壓力。這些授課老師會發現本書十分有用，因為本書提供清楚明確的寫作歷程步驟，並且都以範例做清楚地說明，可以讓學生靠他們自己閱讀本書，就能完成大部分的寫作。此外，許多教授「自然而然地」就很會寫作，他們可能從來沒有想過、也沒有接受過——如何教學生寫作——的訓練。本書可以作為輔助，藉由提供詳細的寫作歷程指引，解決上述困境。

我們大部分人對寫作的了解，大都是從Kamhi-Stein（1997）稱為「一次性寫作作業」（p.52）中學習。授課老師可能是在學期初指定這項作業，並給出這樣的提示：「寫一篇關於（某一主題）的論文」。我們傾向將這類作業視為一項簡單的任務，然而學生可能需要實際經歷許多雜亂和複雜的步驟，才能完成這項作業。實際上，要寫這樣的論文會需要研究許多文獻資料，而最後完成報告的品質，有很大一部分是取決於上述各個步驟的執行情形。

在每一個章節最後的活動，是用來引導學生逐一檢視寫作歷程的各個步驟，這些活動可以重新規劃成一連串的任務，並且很適合加入某一領域概論性課程的大綱之中，設計成一項多步驟寫作作業。所以，本書也有兩類可能的讀者：(1)那些會想要把這些多步驟寫作方式，加入他們現有課程大綱的授課老師；(2)獨立作業的學生，需要完成一項重要的寫作作業，像是要完成碩士論文或博士論文的文獻回顧章節，而在計畫和執行這項寫作過程中的許多階段，就可能會需要本書的協助。

特別致謝

兩位作者很感謝Pyrczak Publishing的創辦人，Fred Pyrczak博士對本書標題的建議。Pyrczak博士是兩位作者的朋友兼導師，我們非常感謝他從這本書的草稿開始，一路以來的支持。Melisa花了她的整個暑期時間，跟著Fred從頭學習學術出版業，在他的支持下，也改變了Melisa的學術生涯發展，從技術協助、文稿編輯、到成為教授和共同作者，她的專業發展，具體展現Fred的協助是如何改變她在學術上的生涯。

致謝

我們想要感謝我們在Routledge與Pyrczak Publishing的夥伴們，感謝

他們在此書進行重大修訂的準備期間，在本書編輯和構思上的協助。

此外，我們非常感激我們加州州立大學（California State University）洛杉磯分校（Los Angeles）與北嶺分校（Northridge）的同事們，特別是Marguerite Ann Snow博士與Lia D. Kamhi-Stein博士，他們在多重步驟書寫方式上的研究，啟發了這本書的組織方式。而他們也提供非常多很有幫助的建議，大多數的建議也都納入本書之中。

我們也想要感謝下列來自不同學校的同行，感謝他們在《如何撰寫文獻回顧》第六版上所提供的回饋：Elizabeth F. Warren（坎培拉大學, Capella University）、Michelle R. Cox（阿蘇薩太平洋大學, Azusa Pacific University）、Nancy H. Barry（奧本大學, Auburn University）以及Phyllis Burger（康考迪亞大學聖保羅分校, Concordia University St. Paul）。作者也想要感謝南伊利諾大學卡本代爾分校（University of Southern Illinois, Carbondale）的Matthew Giblin博士，其在編輯上提出非常有幫助的意見。

當然，若是有任何的錯誤和遺漏，仍然是我們作者的責任。

Jose L. Glvan
名譽教授
加州州立大學，洛杉磯分校

Melisa C. Galvan
助理教授
加州州立大學，北嶺分校

註釋：

1. Galvan, Jose L. (2012). *Writing literature reviews: A guild for students of the social and behavioral sciences*. Complex Chinese Edition. Taipei, Taiwan: Psychological Publishing Co.
2. Kamhi-Stein, L. D. (1997). Redesigning the writing assignment in general education course. *College ESL*, 7, 49-61.

譯者序

一開始，只是為了幫忙生病的同事，代班幾乎一整學期的課程。這位同事是在美國名校完成嚴謹的碩士與博士訓練，她在課程之中指定這本書為參考用書，規劃帶領同學閱讀最新的研究文獻之餘，也教導學生如何進行文獻回顧的寫作。原以為可以輕鬆地代課，不過這位同事的課程安排非常紮實，所以我跟著必須要閱讀完這整本書，也才發現這本書對學生的重要價值。

我的論文寫作過程並沒有接受過正統的訓練，是透過大量閱讀研究文獻與碩博士論文，從中抓取可能的線索和規則。這段過程頗為辛苦，充滿著嘗試錯誤（try and error）的歷程，常常是看著期刊審查人的評閱意見，反覆思索是哪個地方講得不夠清楚，還是什麼描述不小心把讀者引導到不同的方向。我個人在學習論文寫作上的困境，也直接影響到我指導研究生進行論文寫作，片段與經驗式的教導，嚴重地阻礙學生發揮想法和創意的空間，也減損學生的學習動機。我曾經很困擾如何能夠提升自己在文獻回顧上的教學，也很期待學生能夠學習到如何論述，以及清楚呈現論文的目的和價值。事實上，學術論文的寫作是可以有清楚的邏輯和順序，它不僅僅是一門寫作課程，更是學習如何產生知識的過程。這本書的作者，以一種像是撰寫食譜般的精細態度，將這項極為複雜的歷程，逐一拆解成容易理解與執行的步驟。

在社會科學領域中，原創性的研究報告或學術論文，最核心的部分就是文獻回顧，它決定了報告或論文的目的和價值。寫作者藉由文獻回顧引導讀者進入一項議題，提供這項議題的各種想法和最近的研究發現，從而呈現可能仍然未知或彼此矛盾的訊息，藉此建立研究報告或論文的關鍵

地位與價值。出色的文獻回顧，能夠幫助讀者快速且清楚地掌握這項議題的內涵，並且了解目前的研究方向與重要發現，亦能夠讓讀者從作者詳盡且合理的整理和評析中，進一步地認同作者所提出的研究問題或是創新觀點。社會科學的進展，就是基於實徵資料所進行的論述和反思，從而提出新的論述，並再加以檢視的過程。文獻回顧寫作的訓練，也是培養邏輯思考與建立有效溝通的訓練。我相信這本書可以協助學生自主學習文獻回顧寫作，也能夠讓授課老師和指導教授了解如何帶領學生完成出色的文獻回顧。

　　很感謝五南圖書公司在我提出翻譯這本書的想法後，協助跟本書作者和國外出版社溝通合作事宜。也很感謝我的學生林佳樺、柴菁以及李雨蒨，和我一起在很短的時間內完成這項翻譯工作，如果沒有她們的協助，我不會想要翻譯這本書。尤其感謝佳樺，我常常抓著她做很多我覺得有趣的事情。我們希望藉由這本書協助更多的老師和學生，讓大家都能夠更好地掌握如何進行文獻回顧的寫作，讓更多傑出的研究可以被大眾看到。

姜定宇、林佳樺、李雨蒨、柴菁 謹上
國立中正大學心理學系

目　錄

◆ 第一部分

文獻搜尋管理

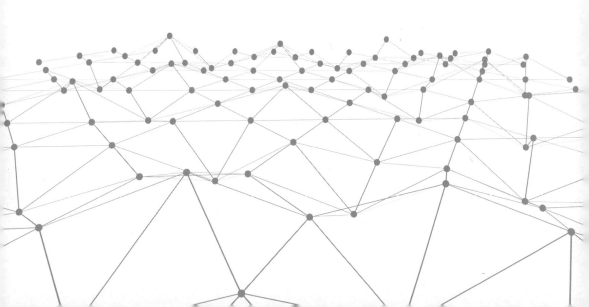

概論：爲學術文章撰寫文獻回顧

這本書是作爲社會與行爲科學領域撰寫文獻回顧的指南所設計，使用本書你可以學習如何運用初級（原始）資料來寫一篇文獻回顧。我們將介紹五種不同的文章資料形式，其中最常見的初級資料爲：(1)發表於學術期刊的實徵研究論文，也就是接下來將看到的第一個次標題所要談的資料來源形式。接著我們也會陸續介紹其他四種常見的期刊文章資料：(2)理論性文章、(3)回顧性文章、(4)軼事報告與(5)專業實務應用與規範報告。本章第二個重點則是概述你在撰寫文獻回顧時會經歷到的寫作歷程，並從中帶出組成本書的四大部分。

簡介如何回顧初級資料

● 實徵研究論文（Empirical Research Reports）

這本書的重點放在學術期刊的原創性研究論文。我們將有著獨特研究結果並首次發表的研究，稱爲「原創」的論文，也因此這些論文被認爲是資料的初級來源，其會詳細說明所使用的研究方法，並深入地描述與討論各個研究結果。相對地，呈現於教科書、熱門雜誌、報紙、電視或廣播中的研究概要，則會被視爲「次級資料」，其大多只會爲每個研究結果做綜

合性的描述，以及簡單介紹如何得到這些結果的方法學。次級資料通常是不完整、有時候甚至是不正確的，他們傾向以引起讀者興趣為目的，而不是為了吸引學者的關注或通過學術嚴格的檢驗。因此，身為學術研究者，你在回顧特定議題的文獻時應該著墨於初級資料，你的指導教授也可能會要求你只能引用初級資料撰寫文獻回顧。

社會與行為科學領域的期刊有著豐富的原創性實徵研究論文，「實徵」（empirical）這個詞代表著「觀察」，「實徵研究」（empirical research）則代表「有系統的觀察報告」，當研究者會去規劃應該觀察哪些人、哪些特質以及如何進行觀察時，便代表這是個有系統的研究。實徵研究雖是所有科學的基礎，不過還是會有——全部的實徵研究皆有其天生的缺陷——這種合理的質疑存在。因此對於實徵研究，我們都必須要相當小心地留意研究結果的詮釋方式。下面提供一些例子，說明幾乎所有實徵研究都會遇到的三個主要議題，以及對於這些議題，身為正在回顧與閱讀該文獻的我們，應該要注意什麼樣的潛在問題。

議題一：樣本數

大多數的研究者只會取一些個體作為樣本，然後將結果推論至更大的群體——其在統計上被稱之為「母群體」（population）。然而，多數研究者使用的樣本通常都會存在一些偏誤（bias），使得該樣本其實無法代表研究者所關注的母群體。舉例來說：「一個教授只用他基礎心理學課程中的學生進行研究」，或者「研究者以郵寄的方式做問卷調查，但最後問卷只有40%的回收率」。顯然地，這些樣本不見得能夠代表研究者所想研究的母體。對於第一個例子來說，教授當然有可能只是單純對他課堂中的學生行為感興趣，不過，如果他的目的是想將研究結果推論至更廣大的群體，那麼我們就必須留意其論文裡所存在的研究限制。

潛在問題：在研究結果說明與解釋的部分，閱讀文獻的人需要考量取樣的潛在誤差。至於藉由有瑕疵的取樣而得到的研究結果，其會有多高的可信度，這對閱讀者來說將會是一個很主觀的判斷。

議題二：測量方法

幾乎所有實徵研究的測量方法，都有其缺點存在。舉例來說，若研究者採自陳式問卷調查大學校園中吸食大麻對使用者造成的影響，即使研究者保證問卷的回覆內容不會外流，並且會確保匿名性，一定仍會有參與者不願意透露他們吸食大麻的違法行為；另一方面，同時也有可能會誘發一些人吹噓他們可能根本沒有（或很少）做的不合法事情。那麼，有什麼其他選擇可以進行這類型的研究呢？其一或許可以使用個人訪談，不過在這個情境下，訪談還是會需要個人主動揭露自己的不法行為；或者，可以用暗中觀察的方式，然而這樣的行為又可能會有些不道德；但是若實地觀察沒有適當隱匿的話，參與者有可能會因為知道自己正在被觀察，進而改變自己的行為。因此，由此可知，實在沒有研究方法可以完美地解決所有問題。

潛在問題：閱讀者需要考量研究中可能存在的測量問題。請詢問自己，這些測量方法是否看起來可靠和健全？研究者是否使用多種方法進行測量？如果研究者有用不同研究方法的話，各種方法是否有產出一致的結果？

議題三：研究問題的界定

在一份研究中，研究者通常只會檢驗某個問題的其中一小部分。舉例來說，研究者想要探討「在教室裡運用獎勵與其對創造力的影響」，這聽起來會是一個可行的研究問題，直至研究者考慮到現實中存在著許多不同種類的獎勵，像是各種不同程度的讚美、不同價位的獎品等。另一方面，創造力也能用許多不同的形式展現，例如藉由視覺藝術、舞蹈和音樂，或

者亦可發揮創造力在物理科學、口語表達、甚至於書面溝通等。沒有一位研究者擁有足夠的資源可以調查上述所有議題，他大概只能夠選擇一至兩種獎勵類型，以及一至兩種創造力展現的形式，並且只能在一定數量的班級中檢驗兩者的關係。

潛在問題：閱讀者需要綜合很多研究論文的論述，以將研究問題限縮於某個特定範圍。嘗試著去找研究論文中一致與不一致之處，並且要記得每個研究者都是從不同的角度或方式在定義自己的研究問題。也因為實徵研究所得到的證據，只能在一定的範圍內為研究問題提供解釋，想要綜觀全局就好像在拼一幅拼圖，而這幅拼圖還遺失了大部分拼圖片，並且甚至連很多現有的拼圖片也還尚未完全成形。

看完了上面提出的三個議題，你可能會覺得回顧實徵研究論文是相當困難的一件事，而不可否認有時候也確實是如此。不過如果你挑到感興趣的主題，並仔細地閱讀了相關的文獻，你可以很快地就沉浸於一個迷人的研究計畫中。在社會及行為科學的眾多主題上，對於如何解釋從研究中得到的資料數據，少數人會有一些不同的意見，大多數人則通常都會有很大的意見分歧。因此，你會發現你將逐漸開始以審查人的方式思考，謹慎地判斷哪些研究者有著最通順與最具邏輯性的論述，或者哪位研究者蒐集到最強而有力的證據等。這可能會是個困難的任務，但也可以是一個非常有趣的活動。

你可能會認為，只有那些很擅長於學習研究方法或統計的學生才能搞清楚原創性實徵研究論文在說什麼，但這著實是一個錯誤的想法。雖然有研究方法或統計的基礎會很有幫助，不過當初撰寫本書主要是認為——任何聰明與細心的讀者，在廣泛地閱讀與自己興趣相關的論文後，都可以順利的理解實徵研究論文在講什麼樣的故事。原創性實徵研究論文的作者也並非只提供統計數據，他們都會一併討論過去相關主題的研究結果、提供

一些基本概念的定義、描述有關的理論內容、他們做這個研究的原因與如何進行研究，以及這個研究的結果解釋與可能存在的研究限制。因此，屬害的研究者會引導你去理解整篇文章的內容，即便你沒辦法完全認識文章中的所有術語或統計，也不會影響你的閱讀。

最後的一個建議，通篇仔細地閱讀你所引用的文章是相當重要的，如果僅瀏覽論文摘要很容易造成誤解，因為摘要缺少了很多研究細節，如此一來，可能進而會誤導了閱讀你所寫的文獻回顧之讀者。所以，好好地仔細閱讀每一篇你所引用的文章，這是屬於你的學術道德責任。

● 理論性文章（Theoretical Articles）

並不是每篇期刊論文都是原創性研究的報告，有些文章著墨於評論既有的理論，或者是提出一個新的理論。請牢記，「理論」是一種整體性的解釋，說明為什麼變項間有辦法合作、變項間的關聯以及他們如何相互影響。如同在一個整合性的建構中，理論可以幫助解釋為什麼一些看起來毫無關聯性的現象能夠合理地連結在一起。在此，我們提供一個簡短的例子說明：

「孤獨感的關係理論[1]」（relational theory of loneliness），這個理

---

[1] 這個範例的素材是取自：Stroebe, W., Stroebe, M., Abakoumkin, G., & Schut, H. (1996). The role of loneliness and social support in adjustment to loss: A test of attachment versus stress theory. *Journal of Personality and Social Psychology, 70*, 1241-1249. 「孤獨感的關係理論」是立基於依附理論的延伸，有關於依附理論的細節可以參考：Milyavskaya, M., McClure, M. J., Ma, D., Koestner, R., & Lydon, J. (2012). Attachment moderates the effects of autonomy-supportive and controlling interpersonal primes on intrinsic motivation. *Canadian Journal of Behavioural Science, 44*, 278-287.

論區別了「情緒孤獨」（emotional loneliness，因為缺乏親密情緒的依附對象而形成之絕對孤獨感）與「社會孤獨」（social loneliness，因為缺乏社交網絡而產生的孤立感與孤獨感）。這個理論對於社會與行為研究中的許多領域，都有著相當重要的意涵。舉例來說，此理論可以預測當一個身邊重要的人剛過世，並且這個人對我們來說是相當緊密的情緒依附對象時，我們會經歷到絕對的孤獨感，而這個孤獨感是無法因為社會支持而有所減緩的。

請注意上述例子所提到的兩件事情：首先，該理論的預測其實違反了一般常識，我們大多認為在經歷重要的人過世之痛時，如果身邊有家人朋友的社會支持，應該可以減輕感受到的孤獨感。然而，該理論認為這樣的講法頂多只有部分正確。它提出在前述的情境下，親友可以幫助減少社會孤獨感，但是仍無法有效地降低深沉與令人心碎的情緒孤獨感。像這般理論與常識不一致的狀況其實很常見，這正是理論之所以能夠幫助了解人類與現實世界的難能可貴之處。

第二，孤獨感的關係理論是能夠藉由實徵研究檢驗的。研究者可以去詢問那些有重要他人過世的人們，了解他們感受到的孤獨感程度，以及他們接收到哪些和多少的社會支持。一個有用的理論，它必須要能夠使用實徵研究方法進行檢驗，讓科學社群由此去判斷該理論的效度。

如果可以為你感興趣的議題找到適用的主要理論，你的文獻回顧將會輕鬆很多。實徵研究的作者通常會說明與主題有關的基本理論，以及討論他們的研究結果是否與理論一致。從作者在參考文獻提供的線索，你可以從中得到一些理論性的文獻，而這些理論文章可以提供一個架構，讓你有辦法把從各篇學術期刊論文所獲得的線索拼湊在一起。另一方面，你甚至可以選擇將你自己的文獻回顧建立於一個或多個理論上，換句話說，文獻

回顧的主題，可能就是回顧那些與該理論有關的研究。

　　因為理論對於各種人類事務都有其廣泛且重要的意涵，如果能夠好好地回顧相關理論，並且提出更多對於理論的認識與理解，將有潛力為該領域創造重要的貢獻。

● 回顧性文章（Literature Review Articles）

　　學術期刊通常也會包含回顧性研究論文[2]，此為一種以回顧特定主題文獻的文章，這種文章很像你現在準備用這本書來寫的文獻回顧。大部分會出版回顧性研究論文的期刊，對於這種論文的接受發表標準相當高，回顧性研究論文不僅需要完整地敘述某個議題從早期直至最新的研究發展，亦需要提供嶄新的觀點與更多的知識。這些觀點可以用很多不同的形式呈現，包含：(1)解決先前各研究相互衝突之處；(2)以新的角度解釋某個主題的研究結果和(3)提供有潛力能夠促進該領域發展的未來研究方向。

　　由此可見，要符合這麼多條件來準備一篇回顧性研究論文，並不是一個想要有期刊發表的輕鬆選項，即使你針對某主題開始撰寫回顧文章，也無法保證你提出的角度與觀點可以通過期刊審查委員的嚴格評閱。不過，如果你跟著本書提供的準則去分析（也就是使用批判性的眼光或將文獻拆解）後，再聚合（也就是以新形式將拆解的文獻內容拼起來）文獻，你會比一般的學術寫作者有機會產出一篇符合期刊接受標準的回顧性研究論文。

　　有時候學生會因他們的主題近期剛有期刊出版了回顧性文章而感到沮

2　有些期刊會包含書籍回顧、測驗回顧以及產品或服務的回顧性文章，這些便不屬於本書討論的範圍。本書所提到的回顧性文章（review article），僅限於文獻回顧（literature review）的文章。

喪，他們覺得若已經被回顧了，代表他們應該要換不同的主題來做研究，但這其實是一個不太明智的選擇。相反地，這些學生應該要感到慶幸，他們擁有能夠參考他人想法的優勢——可以在該回顧文章的基礎上再往前發展，亦可以表達同意或不同意該作者的觀點。寫作是一個相當因人而異的過程，不同人回顧相同內容的文獻，可能會得到很不一樣但皆具有潛在價值的解釋與評論[3]。

● 軼事報告（Anecdotal Reports）

在你回顧特定主題文獻的過程中，可能不時地會遇到由個人經驗組成的軼事型文章。軼事（anecdote）指的是一段剛好被記錄到的個人經驗，這與以研究為目標的觀察法正好相反，為了藉由觀察蒐集到最好的資訊，使用觀察法時會仔細地規劃要觀察的人、事與時間。軼事報告比較常見於以實務應用（例如：臨床心理師、社工、老師等）為主的期刊，舉例來說，老師可能會寫一篇期刊論文，描述一位學習落後的學生在他班上成績突飛猛進的經驗；其他老師可能會覺得這很有趣並相當值得閱讀，因為這文章可以提供一些還不錯的想法。但是這類文章很難創造學術貢獻，在沒有控制與對照組的情況下，我們無法知道學生的進步有多少比例是來自這位老師的行為，甚至也許學生的成績進步與老師無關，而是因為家庭環境的改善、或者開始服用治療過動症的藥物，但老師並不知情。由於受到這些限制，使用軼事報告於文獻回顧中需要非常小心，並且在引用時要清楚註記來源為軼事。

---

[3] 請記得實徵知識是種會不斷進化的概念，而非一種固定不變的事實。實徵研究不能「證實」任何事情，只能說明結果的可信賴程度。因此即使回顧了相同主題的文章，不同研究者可能還是會有不一樣的解釋與推論。

● 專業實務應用與規範報告（Reports on Professional Practices and Standards）

　　有些期刊將目標放在有關專業實務應用與規範的論文上，發表像是「提供給數學教育可採用的新課程標準」，或是「主張立法允許臨床心理師開處方箋」等實務應用類型的議題。若文獻回顧的內容與這類議題有關，這些文章對於文獻回顧中的討論部分將很有幫助。

寫作歷程

　　現在我們已經將你可能會回顧到的主要文章類型（實徵研究論文、理論性文章、回顧性文章、軼事報告以及專業實務應用與規範報告）逐一介紹完畢，我們來進一步簡介與說明本書提供給你參考的寫作步驟和架構。

　　對於撰寫文獻回顧的規劃，首先要確認你寫文獻回顧的目的以及了解你的讀者將會是誰。撰寫文獻回顧的目的可能從課堂學期報告到博士論文的文獻回顧章節，甚至也可能會是期刊文章裡的文獻回顧部分，這會影響你搜尋初級資料的深度以及你文獻回顧的形式，有時候這會被稱為所謂的「作者精神」。另外，本書也會特別區分兩個重要但常被混在一起的寫作步驟：執行文獻回顧（如找出需要的文獻、閱讀文獻與在心裡初步分析），以及撰寫文獻回顧（如決定對於這些文獻你想對讀者說什麼，並將它組織成一篇條理清楚的敘事文章）。也就是說，文獻回顧其實包含了一系列的步驟，在作文與修辭學領域，這些步驟總和起來稱之為「寫作歷程」，其中包含了：(1)規劃與執行初級資料的搜尋；(2)在初級資料中，分析你所感興趣的主題之相關訊息；(3)綜合與組織你得到的資訊來論述所關注的特定主題，並寫出文獻回顧的草稿，最後(4)潤飾與編輯文獻回

顧的最終稿。這個過程很像你大一英文課被要求撰寫的分析性短文，我們便從第一步開始介紹：確認你為什麼要寫這篇文獻回顧，以及是為了誰而寫。

● 尋找你的「作者精神」：為了特定目的而寫

實徵研究論文的回顧可以有許多不同的用途，它可以構成課堂研究報告的主體，其長度與複雜性便以教授的要求為主；對於期刊的研究論文來說，文獻回顧則通常希望是簡要與切中要害的，並將重點放在能夠為特定研究問題或研究假設提供具邏輯性的論述；相對地，碩博士論文的文獻回顧大多是為了展現作者有完整掌握研究主題的相關文獻，所以便會有著相對較長的文獻回顧篇幅。顯然地，為了不同目的所寫的文獻回顧，便會有著相異的長度與形式。請試想我們接下來將陸續介紹的文獻回顧類型差異，每個其實都有它獨特與明確的目標。因此，雖然本書各章節中的每條準則都可以適用於任何的文獻回顧，你還是需要根據自己撰寫文獻回顧的目的，來調整你的寫作方式。

● 為課堂學期報告所撰寫的文獻回顧

文獻回顧被拿來作為課程的學期報告，可以是相當令人沮喪的事情，因為這個作業必須包含：(1)選擇一個對你而言較屬陌生領域的研究主題；(2)使用你可能不太熟悉的資料庫尋找一定數量的研究論文；(3)撰寫與編輯成一篇完整的文章，並且你要在三或四個月裡完成以上所有事情。更慘的是，大多數的授課老師會期待你使用課堂以外的時間準備，以及用花費他們最少指導力氣的方式將這份報告完成。當然即便如此，他們還是會期望你的文獻回顧有認真仔細地查找與研究，並且妥善地撰寫成文。值

得慶幸的是，本書就是為了幫助你達成這個目標而設計的。

　　面對著這麼多的困難，你必須謹慎地去做規劃。首先，在學期初你得好好地了解這份作業的內容以及授課老師的期待，這表示你需要果斷地在課堂中針對作業相關事項提問，請記住，任何你不懂的事情，其他同學也是同樣地不了解，你的提問可以讓他們也獲益[4]。再者，請逐步地跟隨寫作步驟進行，你需要確保有足夠的時間可以完成本書提供的每個建議，包含：選擇主題的程序、閱讀與評估相關的研究論文、整合與組織你的筆記、反覆撰寫與修改你的文章，以及根據格式手冊[5]將文章整理與編輯。因此，根據學期週數制定好時間表將會對你很有幫助，以下提供15週學期的建議時程，每個時間點所要執行的內容便是根據本書四大主題所構成的。

---

[4] 對於一般同學不會感興趣的獨特問題，建議在課程外或導師時間再詢問授課老師。例如：你規劃要申請研究所，進而傾向寫一篇比課程要求還要長的文章；或者你有為以前的課程寫過文獻回顧，希望可以將其做延伸而不是再重寫一份新的文獻回顧。

[5] 目前在社會與行為科學領域最具有地位的格式手冊為《美國心理學會出版手冊》（*Publication Manual of the American Psychological Association*，最新版本為第七版）（譯者註：原書出版時，最新的《美國心理學會出版手冊》為第六版，因此原書是以第六版手冊的格式說明為主。不過該組織在2020年出版了第七版手冊，並且第七版與第六版的格式規範有些許不同，譯者將會標註本書中有使用第七版格式的部分。），可於大專院校書局或美國心理學會官網（www.apastyle.org）購買。

範例1.0.1

學期（15週）建議時程表

階段一

初步搜尋圖書資料並決定主題（預計在第三週結束前完成）

階段二

閱讀清單與初步文章大綱（預計在第六週結束前完成）

階段三

第一版草稿（預計在第十二週結束前完成）

階段四

修改成文章的最終版（預計在第十五週結束前完成）

　　每位授課老師對於文章的長度與引用文獻的數量期待有非常大的差異，如果是調查研究簡介的課程，授課老師可能只會要求短篇幅的回顧，也許就以5至10篇的文獻寫幾頁兩倍行高的回顧即可，對於這樣的文獻回顧，你需要好好地去選擇你要引用的文獻，其大概只能限縮在最重要或最近期的那些文章。若是在修讀進階課程，授課老師便可能會要求你閱讀與引用較多的文獻，並寫出較長的文獻回顧。而對於你主修的研究所課程，授課老師可能不會明定文獻回顧的篇幅與引用數量，但他會希望你回顧與主題相關的文獻，直至足以完成一篇完整文章。

　　由於撰寫學期報告的時間有限，你所訂定的主題最好要能夠限定在某個範圍內，特別是如果你對這塊領域還不熟悉，這樣可以幫助你專注在一個已被妥善定義好的議題上。一個選擇主題的好方法為：檢視教科書裡面各個章節的所有次標題，舉例來說，教育心理學教科書的創造力章節裡，次標題可能會有關於創造力的定義、創造力的測量，以及如何在教室中培養創造力的部分。在這個例子中，假設你對如何在教室場域培養創造力最感興趣，藉由閱讀這個段落，你可能會發現教科書作者提到目前研究對於推廣創造力所造成的競爭效應有不同的看法（例如老師是否可以獎勵有創造力表現的學生，藉以培養學生創造力？），這看起來會是個足夠聚焦的主題，你便可以先把它視為一個暫時性的題目。當你開始以這個題目搜尋相關期刊論文[6]，你可能會發現有著多於你學期報告所需的期刊論文，如果有這樣狀況發生的話，你可以再繼續縮小主題至探討(1)國小學生為樣本，以及／或(2)美術作品中的競爭與創造力。

　　如果你不能自己選擇主題，學期報告主題是由授課老師分配給你的話，建議你越早開始搜尋文獻越好，並且及時向授課老師反映你所遇到的問題，像是有關的期刊論文很少（也許可以將主題的範圍放大一些，或者授課老師可以告知你的文獻搜尋沒有觸及到的其他資料來源），或是有過多的相關文獻（也許可以將主題再縮小一些，或者授課老師可以幫助你確認其他界定文獻選用的方式，如只使用近期的文章）。

　　在短時間內要為學期報告準備好文獻回顧的缺點是——你的草稿能夠得到意見回饋的機會有限，所以你得自己負責大部分的編輯與修改。當你規劃好你的時間表後，記得要留一點時間讓你找授課老師討論你的草稿，即便課堂中沒時間而需要直接去授課老師的辦公室找他，仍然相當建議你

6　如何在電子資料庫中縮小搜尋範圍，將於下一章詳細說明。

和授課老師諮詢一下草稿的內容。最後，在提交你的學期報告之前，本書於最後提供的自我修訂檢查表，可以幫助你排除一些常見的問題。

● 為碩博士論文所撰寫的文獻回顧

碩博士論文的文獻回顧章節是本書所有文獻回顧類型裡最複雜的一種，因為你會被期待在開始進行研究前，就整理好初步的文獻回顧作為你研究計畫書的一部分。執行文獻回顧是你界定研究問題過程裡的其中一步，因此在這過程中，你很有可能會多次重新定義你的主題，並修改你的研究問題。

學生撰寫文獻回顧章節時常會問：「我到底需要引用多少文章？」除此之外，也會問：「這樣的文獻回顧我應該寫多長？」當他們知道不論是引用的文章數目以及回顧章節的篇幅都沒有底線時，有些學生便會感到相當沮喪。通常文獻回顧的深度與數量沒有固定標準，其完全是根據研究主題的特性、現有文獻的數量以及論文口委的期待。

你應該為你的文獻回顧建立兩個主要需達成的目標，第一、嘗試為研究主題提供一個廣泛完整與涵蓋最新研究發展的回顧，第二、展現你已經有徹底地掌握了你所研究的專業領域。請留意文獻回顧將作為引導你研究發展的邏輯基礎，你達成上述兩個目標的程度，也會影響計畫能否被接受的機會。達成這兩個目標可以為你的研究領域貢獻知識，亦反映了你從事這些作業的認真程度。對於撰寫碩博士論文，一些執行多年的傳統規範，展示了學術社群有多認真看待此事，這些規範包含研究計畫與畢業論文的口試，以及在成為大學圖書館的藏書之前，大學會要求仔細檢查最終文稿。

有些學生會拖延撰寫畢業論文的文獻回顧章節，畢竟這並沒有時間表

可以依循。因此你為自己設定的時限相當重要，有些學生會覺得跟口委召集人共同討論規劃一個非正式的時間表很有用，或許甚至也可以為整個過程中的不同步驟都設定時限。本書中描述的準則可以幫助你訂定時程，你應該固定與你的口試委員討論，以確保你沒有失焦並有如期順利進行。

最後，論文研究計畫對正確性要求相當高，在編輯規格上會遠遠高於授課老師對學期報告的期待。你撰寫的形式不僅要符合該領域的特定格式規範，也不能有技術或文法上的錯誤。第十二章所提供的準則以及本書最後的自我編輯檢查表，皆可以協助你達成這些要求，請確保你有預留充足的時間，讓你可以在編輯文章之前將草稿擱置幾天，並在把文獻回顧草稿交給你的指導教授之前，重複使用自我修訂檢查表確認內容與格式。

● 為期刊研究論文所撰寫的文獻回顧

本書所提到的三種文獻回顧類型中，期刊研究論文的文獻回顧是最簡單直接的一種，它比起另外兩類通常較短並且聚焦，因為這類文獻回顧的重點在於為特定且非常聚焦的研究議題，提供背景知識與符合邏輯的推導。

不過在另一方面，期刊論文的文獻回顧會經歷比碩博士論文還要嚴格的審查，對於有同儕審查的期刊，每篇投稿論文基本上都會被二至三位該領域的頂尖學者評閱。這代表文獻回顧不僅是要能夠反映論文主題的近期相關研究狀況，亦不能有任何錯誤存在，因此仍建議謹慎小心地運用自我修訂檢查表進行確認。

作者會在研究執行結束後一年（甚至更多年後）才開始撰寫的期刊論文，常常是將自己的碩士或博士論文改寫成較短且使之符合期刊文章篇幅的版本，或者是使用其中一、兩個章節，寫成期刊文章長度的稿件。如果

這正是你遇到的狀況的話，建議搜尋一下研究領域中近期的期刊論文，確保你的引用文獻有包含到該主題最新的研究結果。

　　雖然每個期刊的規範不太一樣，不過通常期刊論文的文獻回顧會與前言結合在一起。換句話說，期刊論文的前言會如短文般，在提供相關文獻概況的同時，一併介紹研究主題與研究目的。因此，準備一篇期刊研究論文的文獻回顧，應該要把重點放在科學脈絡的建立，也就是什麼樣的研究已被做過，並且對這個領域有什麼樣的貢獻，如此應能幫助文章清楚地呈現那些研究的論述邏輯。也因如此，基本上期刊研究論文的文獻回顧會比碩博士論文的文獻回顧要來得聚焦。

本書四大主題

● 文獻搜尋管理

　　如前面所提及，本書是由四個主題所組成的。本書的第一個部分將介紹如何處理文獻搜尋，此為寫作歷程中的寫作規劃不可或缺的部分。本章提供學術文獻回顧的概觀，接下來，第二章將幫助你熟悉學校圖書館的電子資源。一旦你精通了數位搜尋引擎的使用，並找到了你的領域與議題之主要電子資料庫，第三章可以協助你搜索目標資料庫裡的所有相關文獻。藉由與各篇文章有關的關鍵字組合、學科指引（subject guides）以及其他圖書館有提供的資源，你便能夠逐步精煉你的文獻清單，並使用它們為你的文獻回顧建構一份具有吸引力的大綱。第三章所提供的步驟可以幫助你改善你的主題清單，讓你能夠準確地找出文獻回顧中需涵蓋的文章。第一部分的最後為第四章，這章將說明如何管理你所搜尋到的文章，幫助你從中蒐集到所需的資訊。你將會學習到在瀏覽文章後，如何將文章分類至

你創造的類別，這可以協助你有條理地記錄筆記，讓筆記內容能夠容易地分類整理與辨識。

● 相關文獻分析

本書第二部分將說明寫作步驟，包含如何篩選你搜尋的文章內所含有的資訊，並如何妥善地組織這些資訊，使其能為你的文獻回顧關注主題提供相應的論述。你需要先閱讀你所蒐集的每篇文章，並從中蒐集特定的資訊來進行初級資料的分析，第五章將提供你完成此分析所需要的每個步驟。簡單來說，在你閱讀文獻的過程中，試著將作者所寫的文章段落拆解成不同的部分或要素，而由於你需要分析的文章數量相當多，建立一個系統性紀錄筆記的方式相當重要，因為這樣可以幫助你在分析過程裡，篩選你筆記中的要素、保留有關的部分，並丟掉那些你不需要的資訊。

有時候你會需要從更專業的角度去閱讀和分析文獻，舉例來說，如果你的文獻回顧是你規劃將執行的研究之一部分，你可能便特別需要留意第六章「分析量化研究文獻」與第七章「分析質性研究文獻」的內容，這兩章分別為分析這兩種不同類型的研究文獻提供更技術性的概觀。

最後，在開始撰寫文獻回顧草稿前，你得將筆記內容依照邏輯組合歸類，第八章便提供了不同的方法，教你如何將資料整理成可以幫助草稿撰寫的樣子。

● 撰寫文獻回顧的草稿

本書的第三部分將引導你撰寫文獻回顧的草稿。當你達成第二部分所說的各個步驟後，應該能夠將你閱讀過的資料都聚合在一起，這包含了將你分類整理的筆記以全新的形式做整合，建立成一個有組織的架構支持你

的論點。你可以這樣思考：每篇曾閱讀過的文章都有它自己的脈絡，不過現在你要藉著這些文章中所獲得的要素，重新創造屬於你的文章脈絡——這便是第九章所要呈現的精髓，並且在這個過程中，你要完整的描述你對所引用的文獻品質與重要性之評估。

現在你已經準備好要撰寫草稿了，請將你的目標讀者放在心中，並決定你的寫作形式需不需要很正式。一位有產能的作家會清楚知道讀者想要什麼，並且了解如何寫作可以滿足這些期待，舉例來說，課堂學期報告是寫給熟悉該領域的教授閱讀，而碩士論文的閱讀者則可能是對這個主題好奇、但不見得有充分背景知識的人。為畢業論文所寫的文獻回顧，將不同於為期刊發表所寫的文獻回顧，更與課程的學期報告很不一樣。你也需要確認文獻回顧裡面的次主題和思考筆記中資料呈現的模式規則，像是趨勢、相似性、對比性與一般性，這些步驟便包含在第十章。再來，當你寫好了草稿後，你需要確認你的論述是清楚、有邏輯以及有證據支持的，並且文章中沒有任何錯誤，第十一章即會幫助確認你的論述是否對讀者與你自己皆具有意義。

● 編排與準備文獻回顧的最終稿

本書的最後兩章組成了第四部分，也就是寫作歷程裡的最後兩個步驟：編排與修改你的文獻回顧。這兩個步驟通常需要不斷地重複，即使是很專業的作者，也會需要重新修改自己的稿件三次以上，並且每次都會改出新的、更完善的文章。第十二章提供如何編輯文章以及吸取讀者回饋的準則，第十三章則說明如何根據《美國心理學會出版手冊》（*Publication Manual of the American Psychological Association*）的格式規範來準備參考文獻列表。完成這些步驟後，你便已經準備好可以提交

最終文稿給你的讀者了（可能是課程的授課老師、論文口委、或者是期刊的主編），不過如同上面所說的，修改文章的歷程會不斷地重複出現，因此你還是有可能會收到修改或重組文章的建議，以及一些對文章的額外看法，經由這些過程，無疑地，你將可以產出一篇嶄新且更佳的文獻回顧。

第一章活動

1. 找一篇屬於你的研究領域的實徵研究論文，閱讀並回答以下問題。你的授課老師或許會指定要閱讀某篇文章，不過你也可以藉由本書第一部分的章節，學習如何找到特定主題的期刊論文。對於圖書館有提供的學術期刊，圖書館員或授課老師亦能協助你分辨哪些與你的研究領域有關。現在回到你找到的或授課老師指派的研究論文，請回答下面的問題：

   (1) 文章中是否有明顯的取樣問題？請說明（請勿僅閱讀「研究樣本」的段落，因為研究者有時也會在文章中的其他地方提供樣本相關的額外說明，特別是在前言的部分，他們會解釋本研究取樣跟其他研究不同之處，或者是其會在文章的最後，討論研究結果因取樣所造成的限制）。

   (2) 是否有明顯的測量問題？請說明。

   (3) 研究者是否只檢驗了一個相對狹隘的研究問題？請說明。

   (4) 你是否有看到文章中其他的不足之處？請說明。

   (5) 整體來說，你是否覺得這篇研究論文對該領域知識有提供重要的貢獻？請說明。

2. 請閱讀授課老師所提供的文獻回顧範例，並回答以下問題。請注意，在你學習到更多文獻回顧的寫作步驟之後，建議再回來看過一次，目前你

先以初步與概略的印象回答下述問題，未來你將能夠以更批判性的角度看到更多的細節。

(1) 作者是否有清楚地說明文獻回顧的主題？是否有強調他們界定的方式？（舉例來說，這個研究是否只限定於特定類型的群體或一些特定的期間內？是否只處理某個問題的某幾個面向？）

(2) 這篇的文獻回顧是否有連貫性，可以引導你從文獻回顧的一個次主題至另一個次主題？請說明。

(3) 作者是否有解釋或批判他所引用的文獻，還是說他只是概述了這些文獻的內容？請舉例並討論。

(4) 整體來說，你覺得這篇文獻回顧的整理，對該領域知識是否有提供重要的貢獻？請說明。

第二章 了解如何使用大學圖書館的電子資源

大多數學術文章現在都可以從線上獲得，學術研究不再需要你親自於學校圖書館的書架間尋找資料，事實上也有越來越多的學術期刊僅以數位的形式出版，也就是說，現今大多數初步資料查詢反而必須得在線上進行。因此你很可能會在家中舒服地用自己的電腦進行資料搜尋，學生即使從未踏進圖書館也可以開始研究，這些實際上已是非常常見的事情。在這般發展之下，意味著熟悉和掌握線上搜尋工具的運用，對於現今的學術環境相當重要。在本章節中概述了一些方法，你可以用這些方法搜尋和找到與你研究領域最相關的線上資料庫。

請注意，本章節的目的在於幫助身為新手的研究人員，像是還在就讀高中的學生，大學生和研究生可能不需要本章節提供的步驟來瀏覽線上資料庫，但是篩選參考文獻的過程仍將適用於所有學生。

步驟1：與大學圖書館確認你在學或在職身分

在瀏覽圖書館的線上資源之前，請務必先詢問圖書館或大學相關處室，確認你已經與學校單位建立隸屬關係。換句話說，你需要得到能夠讓你使用電子郵件、Wi-Fi和其他校園資源瀏覽權限的登錄憑證。若想要隨時從校園內外瀏覽圖書館的資料庫，就要確定這些憑證隨時都可以使用。

步驟2：設定你的線上瀏覽憑證和／或代理伺服器

下一個任務是了解登入圖書館線上研究服務所需要遵循的特定步驟。如果你只是從圖書館內的電腦瀏覽線上資源，大多數學校都不需要你提供登錄憑證，但是如果你希望列印或者將結果存檔，就還是需要登入才能使用。因此，無論你選擇在家中還是在圖書館進行研究，最聰明的做法還是先獲得登錄憑證，這樣你就可以自由地從校內或校外登入。

學校會要求校內成員（學生、教師、職員）必須有登入其各種線上資源和入口網站的憑證。對於希望從校外瀏覽線上資源的學生，學校圖書館則通常具有自己的登入程序，許多學術機構將其稱為設定代理伺服器或虛擬私有網路（VPN），通常在圖書館或學校資訊網站上會提供詳細的操作說明。在學校的網站首頁上搜尋「從校外瀏覽圖書館資源」，可以幫助你找到這些資訊。

有些大學圖書館不會要求你設定代理伺服器或VPN，而是要求你先進入圖書館網站首頁並點選連結，進入學校的線上資源網頁之後，再將你重新導向校外網頁的登入頁面。在許多情況下，會在你進入圖書館的線上資源網頁且要點擊瀏覽的期刊／資料庫時，要求提供學校的登入憑證，藉此授權你對該資料庫的瀏覽權限。不過如果一開始就有設定代理伺服器或VPN，在大部分情況中你便可以省略此程序。

步驟3：詢問有關圖書館資源檢索的工作坊資訊

在開始線上資料庫搜尋之前，強烈建議你詢問圖書館是否有舉辦針對該圖書館資料使用與檢索的工作坊。即使你之前曾進行過線上資料搜尋，

這些工作坊還是很有幫助，其可以引導你執行檢索與提供一些有用的訣竅。

建議你也可以找專長與你研究領域相同的圖書館員，尋求一對一的幫助。大多數大學圖書館都有分配館員服務特定學科（例如：教育、心理學等）和／或學院。這些圖書館員有特定學術領域資料庫以及期刊的專業知識，並且能夠辨別相關的線上資源，將可為你節省許多摸索的時間。

步驟4：選擇最符合你需求的搜尋引擎

雖然要去學習使用大量各式各樣的線上資料庫可能會有點嚇人，不過即使每個線上資料庫都有自己的搜尋引擎，大致上你還是可以透過以下步驟的說明來學習如何瀏覽與運用。

一般來說，最好先從單一資料庫開始，這個資料庫最好儘可能地包含廣泛的網絡來源，才能夠幫助找出可能的研究資料。學術機構目前常使用的兩種搜尋工具分別是WorldCat和Google Scholar，這兩種工具都提供免費以及不受限制的公開瀏覽權限，也讓你可以選擇直接連結到你的大學圖書館目錄。除此之外，建議你亦可以詢問圖書館員，請他推薦適用於你的學術領域的其他特定資料庫。

接下來，了解這兩種搜尋工具的差異是件很重要的事。WorldCat主要是搜尋一個涵蓋約170個國家與地區裡，72,000個圖書館目錄的虛擬資料庫，這72,000個圖書館皆是線上電腦圖書館中心（Online Computer Library Center, OCLC）國際組織的成員，美國幾乎所有的學術圖書館都加入了OCLC。相較之下，Google Scholar則是一個搜尋引擎，透過網路搜尋線上資源中的學術性文章，其涵蓋了期刊和書籍、研討會論文、碩

博士論文、摘要、技術報告以及其他學術文獻。但是，除非設定Google Scholar只搜尋特定資料庫或圖書館目錄，否則Google Scholar的搜尋結果可能會出現未符合公認學術標準的項目。換句話說，Google Scholar的搜尋方式與典型的Google搜尋相同，提供你所有發表在網站上的資料，除非你主動設定限制條件，它才會在特定的範圍內進行搜尋。

在我們諮詢過的學者中，大多數皆傾向使用WorldCat，因為他們認為WorldCat的搜尋結果更值得信賴以及更為全面。不過，近期也有一些學者和大學圖書館逐漸開始推薦學生使用Google Scholar，因為Google Scholar有簡化的Google搜尋欄目，有些學者認為它比WorldCat更容易上手。然而就像先前提到的，除非特地去調整Google Scholar的設定，否則有可能會得到不符合公認學術標準的搜尋結果，因此你如果選擇使用Google Scholar，請確定你了解如何操作，這部分圖書館員亦可以提供幫助。

至於針對你要撰寫的文獻回顧，當你需要決定該使用哪些資料庫時，我們還是建議你可以多詢問你的授課老師以及圖書館員。除此之外，大多數的大學圖書館都有提供線上教學，教你如何使用這些資料庫，並且針對你的研究領域提供有瀏覽權限的資料。

在本章節中，我們藉由WorldCat來說明搜尋的程序。即使你選擇使用其他資料庫或搜尋工具，我們推薦你仍可以依照本章的步驟進行文獻查找。

步驟5：熟悉線上資料庫的功能

如前面所說明的，無論你選擇哪個資料庫進行搜尋，重要的是要先學

習如何操作與瀏覽資料庫的網站平台，並預留足夠的時間讓你有把握能夠妥善運用多種搜尋參數，來達成較具結構化且更聚焦（也就是更小範圍）的搜尋。這個步驟在學期中特別重要，因為你可能會需要同時面對來自各個課程的壓力。

　　無論你選擇使用WorldCat還是其他資料庫，第一步都是要學習如何縮小搜尋參數的範圍。接下來的範例將說明操作WorldCat參數以縮小搜尋結果的建議程序。

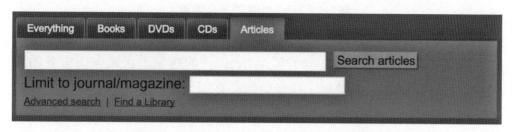

圖2.5.1　將你的搜尋結果限制只有「文章」

　　首次瀏覽WorldCat.org（以及多數大學圖書館目錄）時，你會發現一開始的搜尋頁面會呈現一個預設設定，這個預設設定會自動搜尋資料庫中的每條記錄。在WorldCat中，此預設設定為「所有資料」（Everything），搜尋結果會顯示資料庫中找到的所有文件標題（書籍、文章、報告等）。對於這種包含所有類型的搜尋，其他資料庫可能會使用其他不同的名稱，像是「OneSearch」，「Multi-Search」等。

　　由於大多數文獻回顧都強調要將期刊文章作為主要的資料來源，因此，你需要先確認有選擇「文章」（Articles）的選項，這樣搜尋結果才會聚焦在與你輸入之關鍵字有關的期刊文章列表。並且你將會注意到，你還可以將搜尋結果限制在特定的期刊中，如果你的老師有指導你朝特定的

研究方向進行，那麼這個功能對你來說會很有用。但不論如何，還是得先了解如何辨別所需的關鍵字，並將關鍵字如下圖所示輸入欄位中。

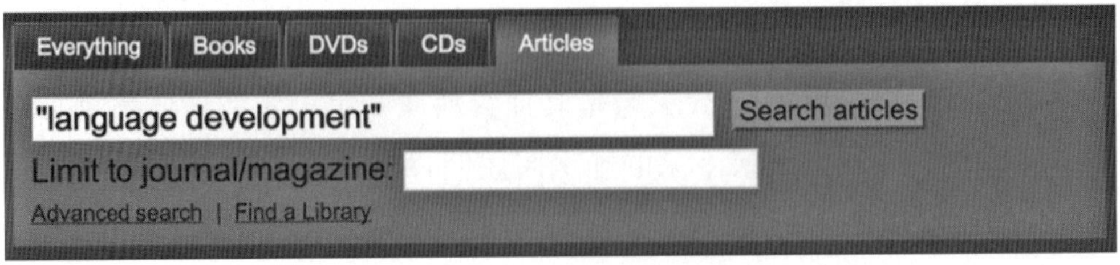

圖2.5.2　輸入相關的搜尋關鍵字

　　現在你已經選擇了「文章」（Articles）的選項，再來你便需要輸入相關的搜尋關鍵字。顯然地，此步驟需要你對欲研究的內容有所了解。如果你還不確定你的研究主題，或者主題仍然很廣泛，第3章可以為你提供詳細的建議，幫助你完成縮小搜尋關鍵字以及選擇最終主題的步驟。

　　就範例而言，我們輸入關鍵字「語言發展」（要加引號）後，WorldCat資料庫顯示了與這個關鍵字有關的39,141個「匹配」或特定的已發表文章列表[1]。由於資料數目過於龐大，這個列表明顯地相當不實際，以下步驟將進一步說明如何縮小搜尋結果的程序。請注意，將關鍵字用引號標示是很重要的（例如：「語言發展」），否則搜尋引擎將會搜尋搜索欄中各個字詞的所有可能組合，包括「語言」、「發展」和「語言發展」。

---

[1] 請注意，此範例以及以下範例中的結果，是在2016年6月24日太平洋標準時間上午11：15的搜尋所產生的，你獲得的實際結果數將取決於你進行搜尋的時間。

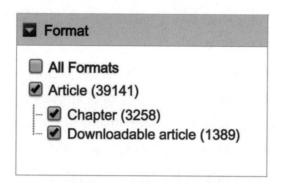

圖2.5.3　快速瀏覽搜尋結果是縮小搜尋範圍的第一步

　　如前面所述，使用關鍵字「語言發展」得到的搜尋結果實在過多。不過在瀏覽結果列表之後，你很快就會發現其實搜尋結果明顯地存在一些模式可以依循、做分類，例如你可以根據「兒童與成人」、「語法與語音」、或者「習得第一語言與第二語言」等主題，將搜尋到的文章各自歸類。接下來，假設你選擇了「習得第二語言」作為主題，由於這個主題還是相對廣泛，使用此關鍵字雖然會產生較少的結果，但是仍然會有20,657筆匹配，這樣的結果列表還是太多，而導致依舊沒有實際的幫助。請記住，雖然通常最好從較為廣泛的主題開始搜尋，以便能夠評估可用的文獻數量，並藉由這些文獻幫助你再將研究主題聚焦至較能處理的研究題目。不過，若搜尋結果讓你得到超過10,000筆的資料，這代表搜尋條件需要再被限縮，透過WorldCat中提供的參數，我們可以將搜尋範圍縮小到「可供下載的文章」（藉由搜尋結果左側的欄位，其標籤為「格式」，你就可以透過選擇特定格式來界定搜尋範圍）。現在經過這些步驟，我們得到了754篇文章，儘管這個文獻數量對於學期報告來說似乎仍然太多，但如果你的目的是在撰寫碩士或者博士學位論文，這可能就會是一個合理的結果。

　　在實際操作中，你應該繼續縮小搜尋的範圍，直到獲得更容易管理和

具有重點的結果。從這些範例中也可以學到，你應該保持開放態度來根據搜尋結果修改所使用的關鍵字。

在大多數的圖書館網站會有一個「資料庫」頁面，此頁面會按學科排列你的學校擁有的線上資源，這些通常稱為學科指引（subject guides）。許多機構都根據其學術部門的研究領域來編排頁面，這種頁面編排的方法能夠幫助你更容易找到與自己研究領域相關且具有瀏覽權限的期刊。請注意，根據各個圖書館訂購資料庫的情況，你不一定能夠瀏覽外部搜尋引擎（例如：WorldCat）所搜尋出的所有期刊。因此，建議與圖書館員（他們或許能夠幫助你找出其他資源）以及你的授課老師討論你的搜尋結果，以確保沒有遺漏重要的文獻。

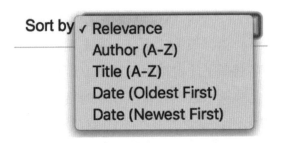

圖2.5.4　在搜尋結果頁上找到「排序方式」

粗略地瀏覽過上面範例所產生的754筆結果，你會注意到這些搜尋結果的排序是隨機的，因此你將需要使用WorldCat資料庫的「排序方式」（Sort by）功能。「排序方式」的選項位於搜尋結果頁面右上角的下拉式選單，其可讓搜尋結果按照相關性（預設設定）、作者、標題或者日期（最新的或最舊的）進行排序。舉例來說，點選「最新優先」的選項進行排序，可以輕鬆的將最新發表的研究結果排列在最前面，如果你想要了解某個領域的當前研究進展，這個選項將會很幫助。「排序方式」的功能可

以幫助你優化搜尋，提供一種較爲輕鬆的方式來查找文章。

　　同樣地，在實際操作中，你應該繼續縮小搜尋的範圍，讓搜尋結果能夠越來越聚焦。你也可以嘗試透過「進階搜尋」（Advanced Search）的功能來繼續縮小搜尋範圍，這個功能將在步驟6中介紹。

步驟6：嘗試使用「進階搜尋」功能

　　大多數線上資料庫都有提供「進階搜尋」的功能。透過點選「進階搜尋」，你能夠進一步地操控資料庫的搜尋範圍。這個功能在兩種情況下會很有用處，其一爲如果你只被要求搜尋特定時間（例如：最近10年）內的文章，或者你已經知道有哪些學者在該主題領域上有許多文章發表。

　　你的搜尋結果取決於搜尋參數的設定，你有可能如前述例子般得到大量結果，不過當你設定較爲聚焦的參數時，你便會得到更集中的結果。WorldCat也有提供進階搜尋的工具，以下的頁面截圖便來自WorldCat.org（參見圖2.6.1），透過使用該「進階搜尋」的頁面，你可以選擇按年份、讀者、內容、出版品以及語言進一步縮小搜尋範圍。

步驟7：找出一系列主題關鍵字以搜尋文獻回顧的資料

　　在瀏覽過這些資料庫中數以千計的期刊文章後，你會發現可以從資料頁面中獲得關於文章的延伸資訊。例如，你會看到文章的標題、作者、期刊來源、出版日期、摘要以及關鍵字（也就是形容文章內容的描述性字詞），你現在便可以透過控制一個或多個文章資訊來縮小搜尋範圍。如果像前述範例一樣，初始搜尋所用的關鍵字過於廣泛，這些資訊可以幫助你

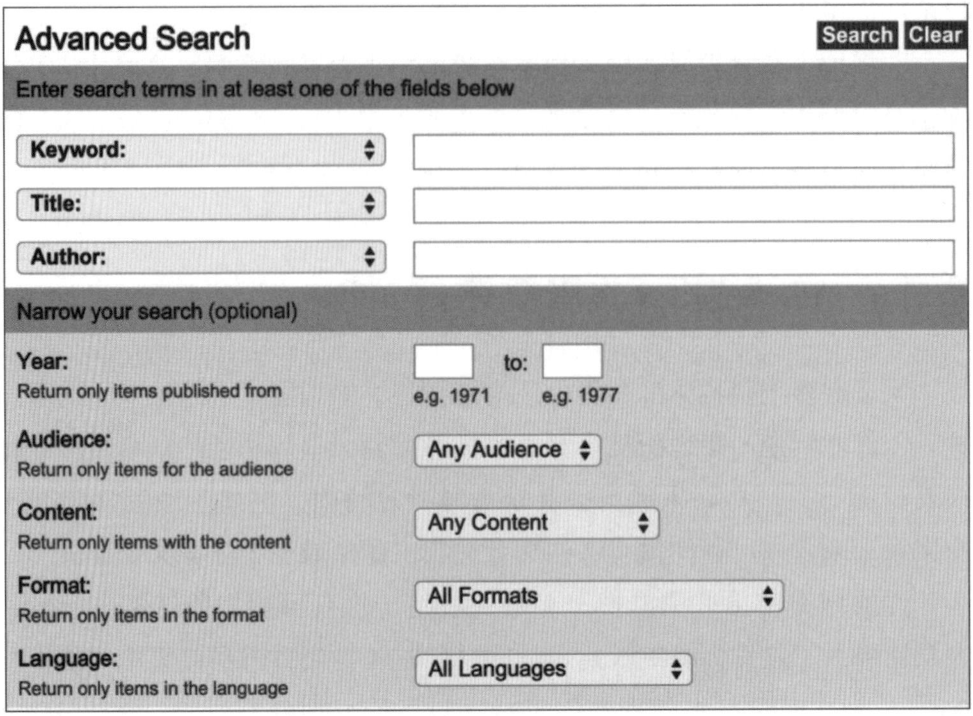

Advanced Search　　　　　　　　　　　　　　　　　Search | Clear

Enter search terms in at least one of the fields below

Keyword: ⬦

Title: ⬦

Author: ⬦

Narrow your search (optional)

Year:
Return only items published from　　　　　to　　　　　
　　　　　　　　　　　　　　　　　e.g. 1971　　e.g. 1977

Audience:
Return only items for the audience　　　Any Audience ⬦

Content:
Return only items with the content　　　Any Content ⬦

Format:
Return only items in the format　　　　All Formats ⬦

Language:
Return only items in the language　　　All Languages ⬦

圖2.6.1　WorldCat的進階搜尋頁面

改善搜尋的結果。舉例來說，當你點選一篇文章，其顯示的頁面會有一個項目為「主題」（subject），點選該項目將會顯示其他可能的關鍵字，這些關鍵字可用於找出與這篇論文特別相關的其他文章。當你根據這些程序找出一系列新的主題關鍵字後，建議使用新的關鍵字再次進行搜尋，以得到更多且更適配的結果。

步驟8：了解如何取得你想閱讀的文章

在步驟7確定了與你的主題相關的文獻來源之後，現在緊接著必須學

習如何獲得文章的瀏覽權限。你是否能夠查看搜尋到的文章全文，取決於圖書館資料庫訂閱情況，以及你是否有設定代理伺服器或VPN。

　　有些文章點擊「查看全文」（View Full Text）的連結，便可以直接瀏覽。而根據電腦的瀏覽器設定，WorldCat亦可以定位你的地理位置，並依此列出附近擁有該文獻的圖書館。如果你使用代理伺服器或VPN登入，則可能會出現另一個視窗，該視窗能夠幫助你確定圖書館是否擁有此項目。請注意，根據圖書館的訂閱及購買情況，你有可能會沒有權限瀏覽所有你想閱讀的期刊，此時你便可能得透過館際借閱獲得資料，若有不懂之處，學校的圖書館員可以指導你如何進行館際借閱。

步驟9：尋找其他對你的研究領域有幫助的資料庫

　　為了滿足學生和學者的需求，每個學術領域都有發展自己的資料庫服務。在你進行文獻搜尋的初期，應該去請教圖書館員或授課老師，了解屬於你的研究領域資料庫。在這裡也再次強調，除了從圖書館中獲得的訊息之外，你應該向指導教授或授課老師詢問在你的研究領域備受推薦的資料庫有哪些，然後再去了解哪裡有提供這些資料庫，以及要如何取得這些資料庫的瀏覽權限。

　　當確定了與你的研究領域最相關的資料庫，接下來在成功地將研究主題範圍縮小之後，你便可以開始製作要搜尋的資料庫清單。圖2.9.1呈現了圖書館目錄——OneSearch，在「語言學／ TESL」領域推薦為「最有用」的資料庫。當你找到你的研究領域中類似的資料庫清單時，你就可以根據你的研究主題展開研究程序了。

Linguistics/TESL

Most Useful

Linguistics and Language Behavior Abstracts (LLBA)

Abstracts and indexes the international literature in linguistics and related disciplines in the language sciences. Covers all aspects of the study of language including phonetics, phonology, morphology, syntax and semantics. Documents indexed include journal articles, book reviews, books, book cha . . .
More information

Communication & Mass Media Complete (EBSCO)

Indexing and abstracts for more than 600 journals and full text for over 500 journals in communication studies, speech, mass media, journalism, linguistics, and communicative disorders.
More information

ERIC (ProQuest)

ERIC (Educational Resources Information Center) is sponsored by the U.S. Department of Education to provide extensive access to educational-related literature. ERIC provides coverage of journal articles, conferences, meetings, government documents, theses, dissertations, reports, audiovisual media, . . .
More information

MLA International Bibliography (ProQuest)

Provides searchable access to more than 2 million bibliographic citations to journal articles, books, dissertations, and scholarly websites in academic disciplines such as language, literature, folklore, linguistics, literary theory and criticism, and the dramatic arts. Coverage includes literature . . .
More information

Project MUSE

Full text of over 300 peer-reviewed journals published by university presses and scholarly societies with emphasis on humanities and social sciences.
More information

JSTOR

Comprehensive archive of back issues of core scholarly journals in the arts, business, humanities, sciences and social sciences.
More information

圖2.9.1 OneSearch線上資料庫中，語言學（Linguistics）／TESL領域的學科指引

　　請留意如果你還尚未開通大學的瀏覽帳號，在開始使用這些資料庫之前，你需要先將帳號設定好（請參閱本章節前面的步驟1和2）。較大規模的研究型圖書館所提供的研究服務，實際上比我們在這裡描述的還要更多。如果你是一所小型大學的學生，建議你查詢一下大學的圖書館是否與你所在地區的大型機構有合作，同時也再次提醒你與圖書館員以及授課老師討論你的資料庫清單，以幫助你確認是否有更多資源可以使用。

步驟10：在其他資料庫重複執行整個搜尋過程

　　對於作為目前主要線上資料庫之一的WorldCat.org，上述步驟應該能夠讓你熟悉如何操作和調整該線上資料庫的搜尋設定。不過，因為你最終要使用的資料庫還是取決於你的研究領域，所以明智的做法是對你將使用的任何其他資料庫都重複上述步驟。

第二章活動

1. 與大學圖書館確認你在學或在職的身分。請詢問圖書館員和／或你學校的資訊相關處室，了解從校外瀏覽圖書館資源所需的步驟。

2. 詢問大學圖書館有關研究資源檢索的工作坊資訊，以學習如何使用圖書館的線上資源。另外，找到與你的研究領域相關的圖書館員，並與圖書館員預約時間，以了解關於你在圖書館中可使用的資源。

3. 嘗試使用WorldCat.org進行搜尋，將搜尋限制在特定類型的資源（文章、書籍等）上，並且確認有使用「進階搜尋」和「排序依據」的功能。

4. 找到你的圖書館線上資料庫的學科指引，並且根據其建立一份與你的研究有關的資料庫清單，當你確定研究主題之後，便可以用該清單展開資料搜尋。

第三章　選擇你要回顧的主題

「我應該從哪裡開始？」這可能是準備撰寫文獻回顧的學生最常問的問題。這個問題雖然沒有簡單的答案，不過本章節提供了許多專業學術作者及研究人員在每個研究開端所使用的流程。請記住，寫作的方式因人而異，因此這裡提到的步驟僅是作為藍圖給你參考，而不是屬於絕對要遵守的指示。透過閱讀本章節，你將能夠產出兩個重要的結果：寫好一份有關研究主題的陳述以及列出閱讀清單的大綱，如此可以幫助你開始撰寫一篇強而有力的文獻回顧。

另外，任何學術寫作的第一步都是要你決定撰寫的內容為何，但是對於如何設法達成這個目標的過程，將會因撰寫文獻回顧的目的而有所不同，你可以參考在第一章所介紹的撰寫文獻回顧之三個最常見原因。

步驟1：先大致定義你的主題

在任何類型的文獻回顧中，你都應該儘可能聚焦地定義你的主題。像範例3.1.1提出的主題便過於籠統，這個主題實際上是許多大學的概論課程內容，其包含了非常多且廣泛的文獻。

範例3.1.1

太籠統的主題

主題：兒童語言習得

　　顯然，在將範例3.1.1中的主題作為文獻回顧的基礎之前，必須將範圍縮小，才能讓這篇文獻回顧可以維持在適當的長度。接下來的步驟將引導你如何得到比範例3.1.1更好的替代方案

步驟2：了解組成你所選的線上資料庫之內容

　　如第二章所述，在開始縮小研究主題之前，了解你要搜尋的線上資料庫的組成內容是非常重要的。WorldCat.org和多數大學圖書館目錄都包含各種資料來源的入口，包括期刊文章、書籍、研討會論文、檔案材料、政府文件等。由於本書著重於回顧學術期刊上的文章，所以了解如何控制資料庫的搜尋，且將結果限制為這類型的資料來源便是很關鍵的事情。因此，雖然縮小整體主題是相當重要的步驟，但如何管理搜尋結果以得到適當的資料來源讓你查閱，也是同樣地重要。

步驟3：以通用關鍵字開始搜尋，然後設定結果條件

　　除非你已具備特定主題的背景知識，不然在初期查找資料庫時，你應該先用較為粗略的關鍵字開始執行搜尋。這些關鍵字建議以最能形容你的研究主題之單字或詞彙來組成。而根據研究的進展，你的關鍵字可能更廣

泛或者更為聚焦。

　　如果這個搜尋步驟產生太多文獻結果，你可以透過使用AND、OR以及NOT等布林運算的邏輯符號增加其他關鍵字來限制搜尋結果。例如，如果你搜尋「『社交』AND『恐懼症』」，便只會獲得同時包含這兩個詞的搜尋結果。

　　包含PsycARTICLES（EBSCO）在內的一些資料庫會在你輸入關鍵字時，自動產生其他搜尋關鍵字和詞組。例如，當你輸入「社交恐懼症」時，資料庫還會建議「社交焦慮」。你應該記下這些替代的關鍵字，以備將來在其他資料庫中執行進一步搜尋時使用。

　　以下是一個布林運算符號如何幫助縮小搜尋範圍的範例：在一個心理學的主要資料庫PsycARTICLES（EBSCO）執行文獻查找時，使用關鍵字「恐懼症」以及搜尋範圍「從2006年到2016年」，可以得到188篇文章[1]；接著，使用關鍵字「『社交』AND『恐懼症』」的搜尋，可得到125篇文章；最後，搜尋「『兒童』AND『社交』AND『恐懼症』」便會僅產生22篇文章。這些用來限制搜尋結果的具體步驟，會因你使用的資料庫而有所不同，第二章介紹了許多常見的策略，可以幫助你熟悉線上資料庫中的搜尋選項。

　　一些線上資料庫的關鍵字搜尋，會自動採標題、摘要以及「文章全文」作為比對來源。如果你用的資料庫有這樣的預設設定（例如：JSTOR），便可能需要運用限制條件以聚焦文獻搜尋的結果。因此，一種能夠控制搜尋結果數量的方法，是將關鍵字搜尋限制為僅出現在「『標題』（title）AND『摘要（文章摘要）』（abstract）」，這樣就可以順

---

[1]　重要的是請注意在預設設定的情況下，該資料庫不會在「全文」中搜尋這些搜尋詞。如果最初搜尋顯示的結果太少，則可能需要點選「也在文章全文內搜尋」的功能。

利排除那些只是在文章內文有稍微附帶提到關鍵字的文章。

　　舉例來說，使用關鍵字「恐懼症」在PsycARTICLES（EBSCO）進行搜尋（包含全文比對），會產生2,210個結果。這比上面提到的188篇文章要來得多，並可能會讓你難以掌握。不過，如果使用布林運算符號加上比前面所用的更多條件限制，將搜尋範圍限制為標題和摘要都需有「恐懼症」關鍵字的文章（請參見圖3.3.1），則搜尋結果將會得到37篇文章。根據你的文獻回顧範圍和目的，這樣的文章數量可能小得多且更容易掌握。

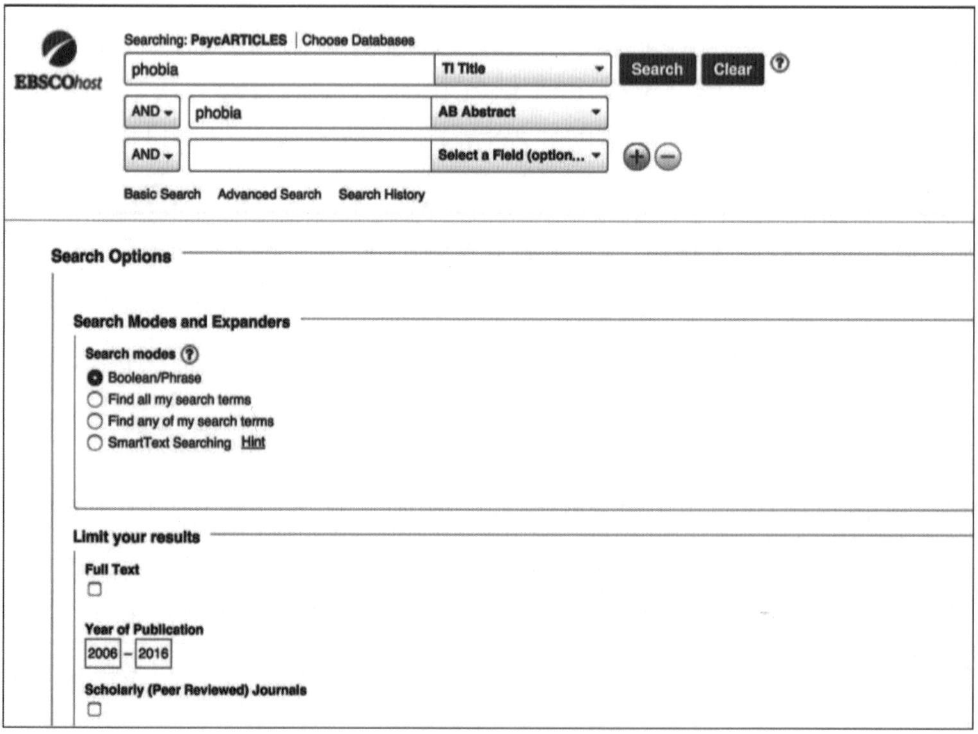

圖3.3.1　含條件限制的資料庫搜尋範例

　　即使你可能還處於嘗試藉由關鍵字找到文獻的初期階段，但把所有看起來與你的研究主題特別相關的結果都儲存起來，仍是一件很重要的事情。有關此程序的更多資訊，請參見步驟11。

步驟4：如果初步搜尋結果的列表太長，設法找出較限縮的主題範圍

　　如果初步搜尋得到的結果列表太長，就應該分類並聚集重複的子主題。將搜尋結果各自匯集成較小的子主題，會有助於研究主題的聚焦。完成此步驟之後，你可以根據自己的興趣以及與課程的相關性，從分類出來的主題領域中進行選擇。範例3.4.1提出了五個修訂後的可能主題，這些主題是根據「習得第二語言」這個較爲廣泛主題的初步搜尋結果，回顧其中每篇文章的標題和摘要後，進行重新分類而得到的。

範例3.4.1

從初始搜索結果中，找出可能的主題範圍

- 影響語言習得的障礙

- 父母在兒童語言習得中的角色

- 特別限於說西班牙語兒童的語言習得

- 語法結構以及類別的習得

- 嬰兒期的語言習得

上述範例的分類僅用來說明此程序，搜尋結果實際上還可以重新分類為許多其他類別，並且也不一定需要全部將它們歸類至特定的子主題。這邊的目標是希望你從廣泛議題的初步資料庫搜尋中，能夠獲得一些你會感興趣的主題或研究方式之想法。請注意，有些文章可能同時會被分類於多個主題範圍中。

對搜尋結果進行分類之後（如範例3.4.1），請仔細檢視是否有子主題可能成為你的文獻回顧主要議題。例如，許多「嬰兒期語言習得」文章專門針對嬰兒發聲的議題進行研究。如果此子主題的文章數量不足以滿足你的文獻回顧目的，請繼續執行下面步驟5。若沒有這種情況，你可以直接選擇執行步驟6。

步驟5：如果有必要的話，可以增加參考文獻列表的長度

一旦確定了你可以掌握的主題，有許多方法可以增加文獻搜尋結果的數量。首先，如果你使用日期限制（例如：2006年至2016年）查找，但發現沒有足夠的參考文獻來進行文獻回顧，那麼你可以把條件設定的時間範圍擴大後再次搜尋。

再者，根據你正在使用的資料庫介面，你或許可以透過點擊作者姓名來連結到其他參考文獻，而這個做法會建議用在那些你確定與研究主題特別相關的文章中。如果作者名字帶有底線或者藍色字體，通常便說明了有超連結可以使用。點擊合著文章中的作者姓名，通常會跳出由同一組作者撰寫的許多其他參考文獻，包括研究報告和期刊文章。由於研究學者會傾向在一段時間內對於同樣的主題進行研究以及撰寫，因此，你找出的其他參考文獻也可能會與目前的主題有關。

　　另外，如第二章所述，在檢視文章條目時，你還可以閱覽該文章「學科關鍵字」（subject keyword）的超連結清單，有關此類列表的範例，請參見圖3.5.1。這些對於該主題的描述性詞組，可以指引你將主題和其他來源資料做連結。透過點擊清單中的任何一個關鍵字，資料庫頁面將針對該關鍵字重新搜尋相關的文章，從而找出其他與研究主題有關的文獻，增加你的參考文獻列表篇幅。

Subjects: *Infant Development; *Language Development; *Learning; *Speech Perception; *Words (Phonetic Units); Statistics

---

圖3.5.1　PsycARTICLES（EBSCO）中的學科關鍵字條目

　　你亦可以在資料庫中搜尋其他類型的資源，例如會議論文、課程指南以及碩博士論文，這些資料可以用來補充那些你已經確定的期刊文章。請參閱第二章，以了解如何擴展或縮小搜尋結果中顯示的條目類型。

　　請留意，研究論文要能發表在期刊上，通常必須經過一位或更多具有該領域特殊知識的編輯、編輯顧問或評閱者的審查，但是線上資料庫裡的很多其他資料來源類型並沒有這般審查要求。同時，大多數資料庫都不會去判斷條目中資料的妥當性或品質。因此，某些非期刊文件可能不如期刊文章般足以作為資料來源。

步驟6：考慮搜尋未發表的研究

　　搜尋未發表的研究是增加參考文獻數量的另一個方法，其中，你可以

搜尋未在學術期刊上發表的研究[2]，因為一些未發表的研究可能還是與期刊文章有相關。一項研究沒有發表在期刊上，並不意味著它不重要，其有可能是具有潛力的重要研究，但可能由於以下原因而未發表於期刊：

1. 一些具有潛在重要性的研究可能甚至從來沒有投稿到期刊。例如碩士論文和博士論文往往因為太長而必須進行大量重寫才能發表，所以許多碩博士論文的作者就選擇不改寫他們的學位論文。另外，研究人員可能會因為研究結果與假設不一致而感到灰心，所以覺得與其把這樣的結果撰寫投稿，反而會選擇進一步在他們認為將更有成效的領域，使用其他研究方法進行研究。

2. 有些期刊編輯和專業評閱者可能會有發表偏見，認為當研究沒有顯著結果或未能證實研究者提出的研究假設，則這個研究就不值得被發表。

　　尋找未發表研究的一種方法，是與那些有發表研究的作者聯繫，詢問他們是否知道任何與你的主題有關的未發表研究[3]。例如，他們可能有之前曾執行過但決定不投稿發表的研究，或者他們可能會知道從事相關研究主題的學生或同事。第二種方法則是將你的搜尋範圍擴展到ERIC（ProQuest）以及Dissertations&Thiss（ProQuest）等涵蓋此項目的資料庫。

2　未發表在期刊上的研究通常被稱為「未發表的研究」，即使某些學術圖書館可能有這些研究的印刷本，但其仍屬於未發表的研究。

3　聯絡資訊，例如電子郵件等，通常會呈現於研究論文首頁的註腳中，或者呈現在文章結尾處附近（參考列表之前或之後）。

步驟7：從最新的研究開始，再往較舊的文章搜尋

如第二章所述，要在不熟悉的領域中尋找參考文獻，最有效的方法就是從最新發表的期刊文章開始閱讀。如果你認為最近發表的文章與你的主題有關，則該文章的參考文獻列表或參考書目將為你的文獻回顧提供有用線索。一個還不錯的策略為：蒐集與你的研究主題相關的文章，並將這些文章結尾的參考文獻列表複製下來，然後藉由比較這些列表的異同，找到任何可能可以作為額外參考的文獻。請記住制定閱讀清單的兩個重要標準：(1)閱讀清單應該要能夠代表對該主題的了解程度；(2)如果你正在撰寫的文獻回顧是一篇研究論文的一部分，閱讀清單可以為你自己的研究提供一些背景脈絡。

步驟8：搜尋有關你主題的理論性文章

我們在第一章中曾提到，文獻回顧應該涵蓋與你的主題有直接關聯的理論性文章。但是，在社會以及行為科學中，由於原創性實徵研究論文主導著學術期刊的內容，因此查詢文獻時，你很常只會得到原創性實徵研究論文的搜尋結果。所以如果你發覺很難找到有關該主題的理論性文章，可以嘗試將「理論」（theory）作為搜尋關鍵字之一。範例3.8.1即是一篇理論性文章的摘要，對於規劃撰寫有關社交恐懼症理論的人可能會有些用處。

範例3.8.1

使用搜尋關鍵字social、phobia和theory找到的文章摘要

　　Martel（2013）根據性別選擇理論以及演化心理學（EP）提出了一個後設理論，解釋在兒童期和青少年期的常見行為，以及部分內化行為障礙症中的性別差異。在這篇評論中，我首先列舉一些優點，然後提出2個對於Martel理論的批判。Martel提供了傑出的整合性回顧，整理了一些不同的文獻，希望增強人們對性別差異的理解。同時，我提出了關於演化心理學以及性別選擇理論的關鍵問題，特別是作為選擇將這些不同影響和機制結合在一起的後設理論架構，這些因素和機制是不同心理病理學中性別差異的驅動因素。確實，我們尚不清楚演化心理學是否有必要（也沒有提供獨特的解釋力）來說明年輕人內在和外在疾病中的性別差異。而且，Martel根據演化心理學提出的論點，提到青少年期抑鬱症和社交恐懼症，但未提供其他常見的兒童期發作和成人早期焦慮症的已知性別差異之解釋[4]。

　　要注意的是，實徵研究論文的作者經常會討論他們的研究與理論文獻的關係，並且會提供參考文獻作為佐證，你應該循著這些線索來查詢可以引用的文章。

---

[4]　Hankin, B. L. (2013). Critical reflections on evolutionary psychology and sexualselection theory as explanatory account of emergence of sex differences in psychopathology: Comment on Martel (2013). *Psychological Bulletin*, 139, 1260-1264.

步驟9：查詢回顧性文章

　　從上一步驟的說明，我們可以推敲到另一個搜尋技巧：當想找回顧性文章時，你可以在資料庫搜尋中加入「回顧」（review）這個關鍵字[5]。過去發表的回顧性文章對於計畫撰寫新的文獻回顧時非常有用，因為這些文章可以幫助確認該研究領域的文獻廣度和範圍。與典型的研究論文相比，這些文章通常會包含更為完整與全面的參考文獻清單。

　　請留意，有些期刊只發表回顧性文章，有些則著重於原創性實徵研究，但有時仍會發表某個領域的傑出研究者所撰寫之回顧性文章，也有一些其他期刊則明確的編輯規範表示禁止發表回顧性文章。如果你知道在你的領域發表回顧文獻的期刊名稱，則可以在搜尋資料庫時指定期刊名稱[6]，這樣便能夠將搜尋限制於僅包含指定期刊的範圍。不過在執行這個步驟時，記得需要與你的主要搜尋分開進行。

　　舉例來說，若要透過PsycARTICLES（EBSCO）資料庫搜尋治療濫用藥物者的回顧性文章，你可以在檢索欄位中使用「『藥物濫用』AND『治療』」作為關鍵字，AND使用「文獻回顧」（literature review），在「TI標題」（TI, title）欄位中進行搜尋，這樣便可以找到許多有用的文章，範例3.9.1展示了兩筆相關的回顧性文獻資料。

5　你不應該只用一個關鍵字。一些資料庫會允許你使用具有相同概念的多個詞語進行搜尋。例如，如果你在PsycARTICLES的搜尋中輸入「回顧」，則對話框將建議你搜尋「回顧」、「文獻回顧」、「文獻的回顧」等。

6　舉例來說，在心理學方面，*Psychological Bulletin*是一本致力於文獻回顧的重要期刊。教育學方面的主要回顧期刊則是*Review of Educational Research*。

範例3.9.1

在搜尋時使用「文獻回顧」作為關鍵字所獲得的兩篇文章

Bayles, C. (2014). Using mindfulness in a harm reduction approach to substance abuse treatment: *A literature review. International Journal of Behavioral Consultation and Therapy*, 9, 22-25.

Clifford, P. R., & Davis, C. M. (2012). Alcohol treatment research assessment exposure: A critical review of the literature. *Psychology of Addictive Behaviors*, 26, 773-781.

步驟10：找到具有指標性或者經典的研究及理論家

最後，重要的是要找到你的主題中經典的研究以及具有指標性的理論家（也就是對於研究主題或研究問題理解的發展，具有歷史重要性的研究以及理論家）。不幸的是，有些學生會認為這是一個可有可無的小事，但是如果不具備指標性研究的知識，你就沒辦法了解所選主題目前的研究背景。如果你正在寫一篇碩士論文或博士論文，你會被要求有詳細的文獻回顧，那麼不引用具有指標性的研究可能便會被視為嚴重的錯誤。

在剛開始進行文獻搜尋時，通常很難辨別出哪些是具有歷史重要性的研究，不過有一些期刊文章的作者會如範例3.10.1所示般，明確地指出這些具有指標性的研究。

範例3.10.1[7]

摘錄一篇指出具有指標性的理論家與其相關研究的文章

　　在20世紀特別有影響力的古典制約理論中（例如Mackintosh, 1975； McLaren & Mackintosh, 2000；Pearce & Hall, 1980；Pearce, 1987；Rescorla & Wagner, 1972；Wagner & Rescorla, 1972），只有Wagner（1981）、Wagner與Brandon（2001）、以及Sutton與Barto（1981）的即時（real-time）模型提供了時間相近性的說明。除了本文最後一部分所討論的近期時間研究之外，許多主要理論學者對時間相近性皆不感興趣，因此相對較少有關注於這個議題的實驗。關於古典制約下時間相近性的最新相關研究回顧發表於30年前（Gormezano & Kehoe, 1981）……。

　　除此之外，在閱讀你所選擇的文章時，你會注意到有些作者的名字會反覆被提及。例如，如果你廣泛閱讀社會因素如何影響學習的研究，你會發現Albert Bandura的社會學習理論被許多研究文章的作者引用。這時候你就需要使用Bandura的姓氏及名字，再次搜尋資料庫，這樣做的原因有兩個：(1)找出該作者形成理論的研究資料（請記住，你想要的是「原始資料」，而不僅是其他人解釋的理論內容）；(2)嘗試找出任何其早期進行且引導理論形成的研究，或者是其發表且可增加該理論可信度的原創性論文。點選「舊的優先」或「最早的日期」的排序功能，將對整理搜尋結果有所幫助。請記住，提出理論的學者經常會進行研究，並發表文章以支持其理論，而幫助這些學者建立理論的早期研究最有可能被認為是「具

---

[7]　Kahn, E., & Rachman, A. W. (2000). Carl Rogers and Heinz Kohut: A historical perspective. *Psychoanalytic Psychology, 17,* 294-312.

指標性的」或「經典的」。請留意，當你為了此目的搜尋資料庫時，不應該將搜尋範圍僅限於近年來發表的文章。假若你搜尋PsycARTICLES資料庫的所有年份期間，同時將搜尋範圍限制「Albert Bandura」[8]為作者姓名、「社會」作為標題名稱，以及在檢索欄位中以「學習」作為關鍵字進行搜尋（圖3.10.1），你將會得到五筆資料。其中一篇即為早期的單一作者文章，如範例3.10.2所示。

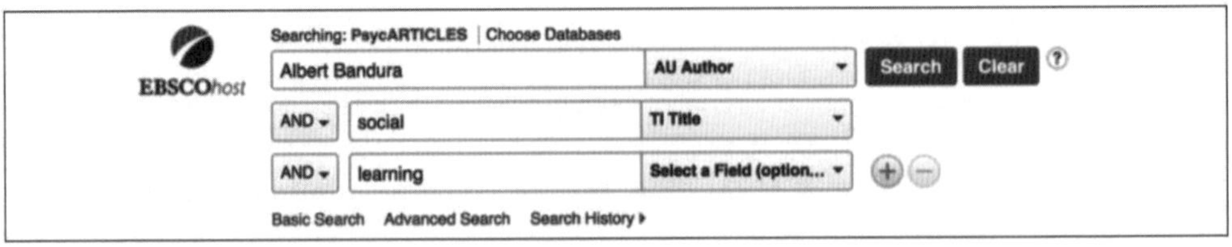

圖3.10.1　在PsycARTICLES搜尋Albert Bandura具有指標性的研究

範例3.10.2

該主題領域中，頂尖研究者及理論家的一篇早期研究文章

Bandura, A. (1969). Social learning of moral judgments. *Journal of Personality and Social Psychology, 11*, 275-279.

　　最後，請查閱任何相關的大學教科書。教科書的作者經常會簡短地追溯重要主題的思想演變，並可能會提及他們認為該主題中的經典研究。

8　指定作者姓名時，請同時使用名字和姓氏，但不要用引號將全名括起來，因為這會排除姓氏在前面的情況。

步驟11：整理你規劃放在文獻回顧中的資料來源

在決定最終主題之前，你需要整理在整個搜尋過程中查找出的可用資料來源。這項任務可以用許多不同的方法完成，你可以選擇依你喜歡的方式整理你的資料。對於已經很熟練學校提供的線上引用工具者（參見第十三章的討論），可以選擇運用這些軟體來幫助你，節省那些要花在編輯具有完整格式之參考文獻列表上的時間。而對於其他不熟悉的人，則可以選擇使用電腦的複製以及貼上功能來建立文獻清單的Word檔案。如何整理文獻完全取決於你選擇，不過如前所述，這是讓你可以找到那些需要仔細閱讀的文章之先決條件，而仔細閱讀這些關鍵文章能夠幫助你進行後續的文獻回顧。

大多數的資料庫有儲存所選文獻至其線上資料夾的功能，在你嘗試大量的各種關鍵字搜尋和條件篩選之過程中，運用資料庫儲存功能將會是追蹤相關文章較為便捷的方法。如果你選擇不使用這些功能，建議你儘早使用你自己的方式來儲存引用文獻，否則你將發現屆時會很難回溯找出那些沒有儲存到的文章。有關此操作在EBSCOhost資料庫中的位置，請參見圖3.11.1中的範例箭頭。

圖3.11.1　找到EBSCOhost中「儲存引用文獻到資料夾」的圖示

在資料庫中找到資料夾或儲存功能後，你應該設法熟悉建立個人的文章資料夾所需的步驟。在EBSCOhost中，你只需要點擊藍色資料夾圖

示，該圖示會變為黃色並出現一個新對話框，顯示該文章已儲存在預設的資料夾中。參見圖3.11.2。請注意，你可以從資料夾的設定來建立或重新命名這些資料夾。

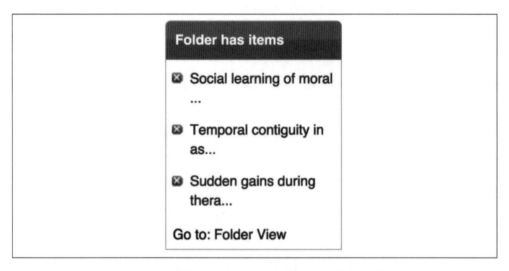

圖3.11.2　儲存到EBSCOhost的引用文獻資料夾

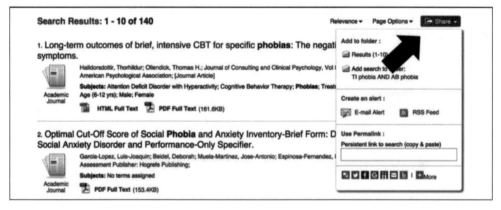

圖3.11.3　EBSCOhost的匯出選項

　　如果你希望將目前搜尋到的結果全部儲存起來，以展開另一個新搜尋，則可以使用「分享」的功能。這樣一來，你就可以：(1)將所有條目匯出到所屬的資料夾中；(2)透過電子郵件將列表發送給自己；(3)建立一個永久連結，可以讓你在之後方便地瀏覽搜尋；或者(4)分享到其他線上媒體平台。圖3.11.3展示了EBSCOhost資料庫中該功能的位置。

　　無論你選擇如何收藏，將資料確實儲存起來是非常重要的。在第四章的一開始，你將會需要參考此文獻列表，這個列表在你確定哪些文章是真正需要閱讀之前是不可或缺的。如果你選擇使用資料庫的資料夾功能，你可能也會希望可以將這些資料影印、儲存或者匯出到Word。相關操作請參見圖3.11.4。

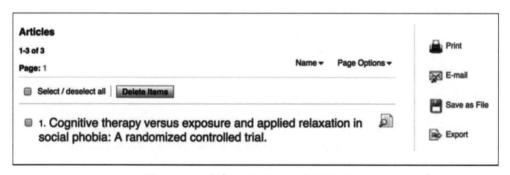

圖3.11.4　更多EBSCOhost的匯出選項

　　你目前應該已經列出了想要包含在文獻回顧中的潛在資料來源列表。這個列表的長短取決於你的文獻回顧範圍，碩博士生可能會為學位論文整理出數百個潛在來源，而撰寫文獻回顧作為課程學期報告的學生，則找出大概50筆左右的資料可能會是比較能夠掌握的數量。不過，當然你需要查詢的資料來源數量也可能取決於授課老師的要求。

步驟12：草擬你的主題句

現在既然已經找到了適當的參考文獻，你可以再重新檢視一遍整理好的文章清單，並選擇一個更具體的主題進行文獻回顧[9]。你的第一版草稿主題句，應該嘗試指出你要研究的領域，可以把主題句想成一種描述性的詞組，而不是論文或章節標題。範例3.12.1提供了兩種主題句：一個是心理學領域的文獻回顧主題，另一個是語言學領域。請注意，這些第一版草稿通常仍是非常籠統的。

範例3.12.1

主題句草稿

心理學：

言語障礙兒童的語言習得

語言學：

語法結構和類別的習得

範例3.12.1中每個主題的大小，都可以進一步透過限制研究範圍於特定族群來讓主題更為聚焦，例如將範例中心理學類的主題限縮在「幼兒」研究，你就可能會得到「言語障礙幼兒的語言習得」這樣更為聚焦的主題。

---

9 在此時就決定你的最終主題還太早了。在閱讀了一些找到的文章之後，你才應該決定你的最終主題。

步驟13：聚焦你的主題

　　如果想要為研究主題提供有力的論述與有效的回顧，選擇一個相對聚焦的主題非常重要。特別當你只是要為學期課程的作業撰寫文獻回顧，過於廣泛的主題會過度消耗你的精力和時間。同時，一個太廣泛的主題很可能會導致文獻回顧過於淺薄，容易讓文章產生跳躍式的論述，並且無法向讀者證明你已經完全掌握了該主題的文獻。因此，你目前應該思考如何讓主題範圍更加聚焦。

　　範例3.13.1提供了一個定義過於廣泛的主題，雖然作者有將文獻回顧的範圍限於4歲以下說英語的孩童，但它的範圍仍然有點過大。作者看起來想要回顧有關小孩學習聲音和語法系統的研究，但如果是這樣，那麼這篇回顧將有一本書（甚至兩本書）厚度的內容，否則就只能膚淺地回顧這個廣大的主題而已。

範例3.13.1

對於大部分寫作目的來說，這個研究主題太廣泛了

　　本研究將針對兒童的語言習得，我會回顧有關兒童如何在自然環境中學習說話的研究文獻，從最早發聲的文獻開始，至發展完整句子的文獻。本文將以英語為母語的兒童作為主要研究對象，並且限制年齡在出生到4歲之間。

　　範例3.13.2是範例3.13.1主題的修改版本。注意在這個版本中，作者將文獻回顧的重點縮小到語言的特定面向。作者清楚地指出，此文獻回顧有兩個主要目標：(1)將歸類曾被研究過的言語特徵範圍；(2)說明現有對兒童語言學習路徑的了解。儘管透過仔細閱讀所找到的研究文獻，有很大

的可能性會對該主題再進行多次修改，但作者已經成功地聚焦主題，以便能夠在文獻回顧中進行適合的初始陳述。

範例3.13.2

範例3.13.1的修改後，更具體的版本

　　本文針對兒童如何習得描述時間和引用時間能力，說明相關研究的發展與了解，包括動詞以及動詞片語中其他特徵的使用。首先，我會說明過去曾研究過的動詞片語特徵範圍，其次，將說明兒童隨著時間發展更多語言能力所遵循的路徑。

步驟14：徵求授課老師或指導教授的意見回饋

　　在你要開始閱讀那些你找到的文章全文之前，建議跟授課老師或指導教授討論一下你提出的研究主題。他們不僅可以為你的主題提供一些意見回饋以及協助確認此主題是否適合進行研究，並且還可以幫助你補足參考文獻中的缺漏。

第三章活動

1.首先，熟悉你研究領域中的電子資料庫。你可以參加學校圖書館的工作坊，或者自己閱讀相關操作手冊來練習如何使用資料庫。請注意，雖然現在許多圖書館都能夠讓你在家中上線搜尋資料庫，但是你可能會需要

先登入大學的電子帳號。在你熟悉資料庫操作後，選擇一個資料庫來完成接下來的活動。

2. 如果授課老師指定了特定主題作爲學期報告的題目，請使用可以描述該主題的簡單詞組在資料庫進行搜尋。如果你是在做自己的研究論文，請選擇一個你感興趣的領域，然後使用能夠描述自己興趣領域的簡單詞語搜尋資料庫。在搜尋資料庫後，會產生多少篇相關的引用文獻呢？

3. 從你的搜尋中檢索兩、三筆紀錄，然後從中找到對於該主題的描述性詞組列表。比較這些列表，並注意其中的共同性以及差異性。

   (1) 寫下與你所要研究主題相關的三個確切的描述性詞組，並且選擇能夠反映出自己興趣之主題的描述性詞組。

   (2) 與一開始時使用的簡單詞組相比，你認爲這些對於主題的描述性詞組是更具體還是更籠統呢？爲什麼？

4. 現在，使用你剛剛找到的對於該主題的描述性詞組來修改搜尋。

   (1) 首先，修改搜尋以得到更多的結果。

   (2) 然後，修改搜尋以得到更少的結果。

   (3) 如果你使用連接詞「AND」，會產生更多還是更少的文章呢？你認爲爲什麼會發生這種情況？

   (4) 如果使用連接詞「OR」，會產生更多還是更少的文章呢？你認爲爲什麼會發生這種情況？

5. 如有必要，進一步縮小搜尋範圍，直到搜尋結果數量大約落在50到150個之間，然後將其列印出來。

   (1) 仔細瀏覽列印的列表，以找出可能的子類別。

   (2) 將新類別與你一開始的主題進行比較。

   (3) 重新聚焦你的主題、找出與你的新主題相關的文章，並準備這些文章的參考文獻列表。

準備好，你要開始篩選相關的研究論文

現在你應該已經初步確定即將要回顧的文獻列表，在撰寫文獻回顧之前，你應該要先展開分析文獻的流程。本章的設計是用來協助你了解這項流程，你將會學習到如何在閱讀文獻的過程中，把每篇文獻的詳細資訊整理成完整的筆記。

步驟1：略讀文獻，得知每篇文獻的概略內容

當你選擇這些文獻的時候，你應該至少會知道這些文獻的標題，並且很可能也讀了摘要（Abstract/Summaries，大多數的期刊會將摘要放在每篇論文開頭的地方）。現在，你需要繼續閱讀每篇論文的前面幾段文字，這裡通常是作者針對所要研究的問題內容，提供概括說明的地方。你可以藉此感受作者的書寫風格，以及他們對於研究問題的大致觀點。然後，跳到章節標題為「方法」（Method）的段落，這通常是研究論文內文中的第一個主要標題〔有時候會標示為「研究方法」（Research Methods）或是「方法論」（Methodology）〕。傳統上這個段落是讓研究者陳述他們特定的研究假設、研究問題或是研究目的。接著，略讀文獻中的其他地方，留意所有的主標題和次標題。略讀每一小節下的內容文字，但是要留意，不要讓你自己被細節的、看起來有點困難或是令人疑惑的論點所困

住。在這個階段中，你的主要目的是概略地了解整篇文獻的內容。

　　請注意，上述的程序是閱讀專家所稱的「預讀」（prereading），這常被推薦作為開始閱讀技術報告的第一步。由於預讀可以讓你初步了解報告的目的和內容，當你繼續逐步從頭到尾閱讀研究報告細節時，這能夠幫助你持續留意論文的主要方向。你在預讀時所得到的訊息，也能幫助你將手上的文獻歸類到不同的類別，如同下一個步驟所提供的建議。

　　較長的文獻通常會包括其他可能的標題和次標題，像是基本假定（Assumptions）、定義（Definitions）、實驗操弄（Experimental Treatments）、研究限制（Limitations）等。當你開始要從頭到尾精讀整篇文獻時，先略讀每一個小節，可以幫助你做好瀏覽整篇文獻的準備。

　　文獻最後的一個標題通常是「討論」（Discussion），在這一節開頭的前幾個段落，研究者常常會重申或是節錄他們的研究目的、研究方法以及主要發現。當你在閱讀研究結果中的細節時，若是其中包含許多統計數字讓你覺得難以理解，閱讀研究論文中的這一節將會對你有些幫助。

　　範例4.1.1列舉期刊簡短研究論文中的主要標題，而這些標題一般會以粗體字呈現。

範例4.1.1

期刊簡短研究論文中，主要標題的典型組合

標題（Title）【後面會接著呈現研究者的名字和所屬單位】

摘要（Abstract）【整份報告的概要】

【摘要之後會有前言，其包含相關文獻的回顧，但一般來說，不會有一個「前言」（Introduction）的標題】

方法（Method）

研究參與者（Participants）【或受試者（Subjects）】

測量工具（Measures）【或使用儀器（Instrumentation）】

結果與討論（Results and Discussion）

步驟2：基於你對文獻的預讀，將它們分類

　　如果你手上的文獻是數位形式，你可新增幾個資料夾，以你會怎麼說明這些文獻的差別，將它們分類存放到不同的資料夾。如果是印出來的紙本，大致上依照你覺得可以區分的類別，把它們疊成不同堆。你可能會有好幾種不同的整理方式可以選擇，不過最常用的方式，是依照它們的主題和次主題進行第一次整理，然後在次主題下就用發表時間排序。在範例4.2.1中，我們以冥想（miditation）效果的研究文獻為例，展示依照主要類別與次要類別分類的可能性。請注意，這篇文獻是一項後設分析（meta-analysis），其為綜合大量研究資料並進行解釋的研究，所以它的組織方式會與實證研究論文相當不一樣。也需要留意在範例4.2.1中的每項次標題，是作者用來說明所回顧的某特定主題文獻（這裡所列出的引用文獻是虛構的，只是用來協助呈現這項做法的樣貌）。

範例4.2.1[1]

作者針對特定主題回顧文獻的整理

I. 有關冥想效果的理論

　A. 什麼是冥想？（Bach, 2005; Kunze, 2006）

　B. 冥想為一種轉換意識的方法：印度理論取徑（approaches）

　　1. 冥想的印度教取徑（Smith, 1999; Marks, 2000）

　　2. 冥想的佛教取徑（Elders, 1998; Prabhu, 2000）

　C. 冥想為一種自我調控（Self-Regulation）的方法：西方理論取徑

　　1. 培養心智平衡（Adams, 2007）

　　2. 正念（mindfulness）練習的特殊效果

　　　a. 經由注意力控制的效果（Smith, 1999）

　　　b. 經由觀點轉換的效果（Garza, 2003）

　D. 可以預測什麼？

　　1. 印度理論取徑的預測（Prabhu, 2003）

　　2. 西方理論取徑的預測（Prabhu, 2001）

　　3. 一般預測（Smith, 1999）

II. 研究、依變項的測量以及調節變項

　A. 研究的選取

　B. 研究的類別

---

[1] 根據Sedlmeier, P., Eberth, J., Schwarz, M., Zimmermann, D., Haarig, F., Jaeger, S., & Kunze, S. (2012). The psychological effects of meditation: A meta-analysis. *Psychological Bulletin, 138*, 1139-1171.

1. 依變項測量類別

2. 可能的調節變項

    a. 控制組的種類

    b. 研究設計

    c. 隨機實驗

    d. 出版標的

    e. 出版年

    f. 冥想種類

    g. 冥想練習量

　　範例4.2.2則是藉由有關戒菸與更年期（menopause）的回顧性研究，說明主要類別與次要類別可能的整理方式。

範例4.2.2[2]

文獻依照主要類別與次要類別的可能整理方式

I. 吸菸、更年移轉期（menopausal transition）以及健康

　A. 荷爾蒙治療

II. 停經前期與停經後期女性的體重增加與體重關注

　A. 更年移轉期間的體重增加

　B. 停經前期與停經後期女性與戒菸有關的體重增加

2　根據McVay, M. A., & Copeland, A. L. (2011). Smoking cessation in peri- and postmenopausal women: A review. *Experimental and Clinical Psychopharmacology, 19*, 192-202.

C. 停經前期與停經後期女性的體重關注

　　D. 針對體重增加的治療或是對於體重增加的過度關注

III. 更年期症狀與戒菸

　　A.負向情緒

　　B.其他更年期症狀

IV. 雌激素水準、尼古丁代謝以及尼古丁增強

V. 停經前期與停經後期女性戒菸效果

　　將文獻整理成不同的類別，並且集中在一段時間內閱讀完某項主要類別或次要類別中的所有文獻，這樣能夠加速你對研究文獻的後續分析工作。舉例來說，若能夠從最新的文獻開始，一次全部讀完有關更年移轉期間體重增加效果的文獻（參見範例4.2.2中II. A要點），後續要統整這些研究就會比較容易一些。

步驟3：如果發現研究缺口，則進行更為聚焦的文獻搜尋

　　當檢視你所整理的文獻題目的時候，可能會發現在某些研究領域中，你所蒐集到的研究論文代表性不足。這時候你就必須重回資料庫，再做一些更為聚焦的搜尋。文獻中持續出現的缺口，應該在你的文獻回顧中註記出來，並且詳細說明你試了哪些方式，但仍未能找尋到相關的研究。

　　在這裡很重要的是，撰寫文獻回顧的過程中，你可能會需要隨時準備再次運用資料庫。因為當你在閱讀這些文獻時，將無可避免地會發現到一些問題，而你應該要針對這些問題採取更進一步的行動，用更為聚焦的搜

尋方式解決所遭遇到的問題。如同前面所提醒的，這可能是與某些研究缺口有關，或是可能與其他的議題有關，像是對研究結果的爭議性解釋、看起來不太可能模式，或是其他還無法預見的問題。

下列範例是有關聽覺記憶線索與犯罪行爲關聯性文獻中所發現的研究缺口。

範例4.3.1[3]

關注於文獻回顧所發現的研究缺口

目前有關聽覺記憶和耳聞（earwitnesses）的研究文獻中，很明顯地存在一些缺口。在訊息登錄（encoding）與審問之間，記憶保存時距（retention interval）過長，是犯罪調查實務中一項特有的挑戰（Deffenbacher, Bornstein, McGorty, & Penrod, 2008）。之前的研究，大多數是在與訊息登錄的同一天就檢測記憶表現，而且通常僅在呈現一開始的刺激後的數分鐘後就進行記憶表現檢測。幾乎沒有研究採用更長的時間延遲來進行檢測，像是一個星期（Huss & Weaver, 1996; Lawrence et al., 1979）。

步驟4：在閱讀之前，你要先將文獻做好組織與標記

在開始精讀文章之前，先做好組織工作是很重要的。在你的文書處理軟體中，像是Word或PDF等，你可以使用文字醒目提示色彩功能（可

---

[3] Burrell, L. V., Johnson, M. S., & Melinder, A. (2016). Children as earwitnesses: Memory for emotional auditory events. *Applied Cognitive Psychology, 30*, 323-331.

畫出像螢光筆的底色），來標記你的筆記中值得留意的段落，並插入你的意見。或者也可以使用不同的顏色標示文字，建立每一個顏色對應的項目類別，以突顯你個別想要強調的文字內容。如果你是用印出來的紙本，你可以使用不同顏色的可重複黏貼標籤，標示不同的次主題、不同的研究方法、回顧性文章或是指標性研究，以及其他應該被留意的或可協助你整理文獻回顧的任何類別。

步驟5：建立一個試算表或表格來匯整你的筆記

在組織好文獻論文之後，你現在要開始閱讀這些文章，並且當你閱讀時要做筆記。整理筆記最有效率的方式，就是將筆記輸入電腦中的試算表（如Excel）或表格（如word）之中。試算表有比較大的彈性，當你覺得有需要時，可以隨時插入新的類別、依據群組重新排序，以及可以在不同文件間複製貼上內容。你也可以使用表格來完成這些工作，只是相較之下，使用表格可能比較費工。

當你建立試算表時，可以先從表頭開始，這可以簡化筆記匯編的工作。範例4.5.1列出一般會包含的項目（在試算表中一般是由左至右排列），應該可以對你開始進行這項工作有些幫助。留意一下，前面四個項目比較簡單直接，對於所有要精讀的文章，建議你一開始就把有關這些項目的訊息輸入好。若是已經做了一些整理，你可能也會想要輸入文章初步分組的編碼（也就是所謂的「群組編碼」），這些分組類別可以和你打算如何建構你的文獻回顧有關。舉例來說，在前面範例4.2.1中，一個可行的分組方式，就是以印度或西方的冥想取徑來分類你的文獻。基於你在預讀中對整體文獻的理解，你可以運用自己的判斷，來決定該如何將所蒐集的文獻分組。

範例4.5.1

一開始整理筆記的常用項目

作者

論文標題

出版年

期刊

群組編碼

概要

研究方法

研究發現

意見想法

　　記住一件事，當你開始建構你的文獻回顧，特別是已經要著手書寫文獻回顧的時候，你在這個試算表中所做的筆記，將會對你非常有幫助。在做這些筆記時，你是在分析你所蒐集的文章內容。換句話說，你從文獻資料中把零散的成分抽取出來，讓你隨後能夠與其他文獻資料合併這些成分，藉此建構出你自己的原創論述。舉例來說，「**概要**」這個項目應該包含這篇文章主要觀點的簡要描述，如果只是把文章中的摘要原封不動地直接剪貼過來，效用就會受限，因為你沒有分析它的內容。相較之下，「**研究方法**」與「**研究發現**」的項目比較單純，但是要注意一下，描述詞的使用方式，將會有助於你後來排序這些內容（例如：公立或私立學校母群、支持或不支持的研究結果等）。而「**意見想法**」項目更是很有用的，因為它可以讓你以自己的觀點，說明為何這篇文章值得被關注。它是一篇指標

性的研究？是否文章中有些表格呈現的形式，可以幫助你呈現自己的研究成果？這都會是你可以加入「意見想法」項目中的註記類型。

　　如果你在文獻回顧中決定要製作表格，藉其呈現不同研究群組的重點摘要，這些筆記對你後來的這項工作也會非常有幫助。第八章會說明製作這類表格的準則。

步驟6：當你匯整你的筆記時，記得保持彈性

　　你可能會遇到不同研究間存在相當大的變異，而你筆記的方式應該要有一致性，並且也要夠詳細，讓你可以描述不同研究的相同與相異之處。當你逐步閱讀文獻時，你可能會需要擴充範例4.5.1中的項目，所以保持彈性也是相當重要的。

　　範例4.5.1中的項目是當作範例使用，引導你完成這項程序，而在真實的情形中，你可能會忽略其中一項或更多的項目，或是你可能會選擇其他更為適合的項目。舉例來說，當你逐步閱讀文獻時，你可能會想要增加一個項目記錄你在閱讀中想到的問題或覺得不確定之處，或者是記錄依據研究效度你可能會做出的結論，適時地新增筆記項目，對後續寫作將很有幫助。請記住，這些筆記可能會被併入你的論文之中，也許會是在你的討論或結論的章節，所以事先用不同的項目來整理，可以節省你後來寶貴的時間。

步驟7：當你複製作者整句完整的文字時，要特別留意

　　最後，記住一件事，當你要直接引述的時候，一定要附上頁碼，如果你在筆記時就已經把頁碼包括進去，之後會省下你很多的處理時間。當

你每次逐字複製作者的文字時，你都應該要加註頁碼，而且你還要重複檢視，以確保你的引用是正確的。有關避免抄襲重要性的更多訊息，請參見第十二章。

第四章活動

1. 用你自己在第三章的搜尋結果，逐步完成本章步驟1與步驟2，然後，將你分組的結果與同學交換意見，並對彼此的整理方式提出建議，特別是針對下列各點：

   (1) 文章分組的類別（這樣的分類合理嗎？是否有其他可能的分組方式等）。

   (2) 你列出的所有文章，是否都跟你想要回顧的主題有關？

2. 再跟你課堂上的同學討論，檢視試算表中你所列出的各項內容，針對這些內容，給彼此一些回饋。檢視完整性、明顯的落差以及重複之處等。

◆第二部分

相關文獻分析

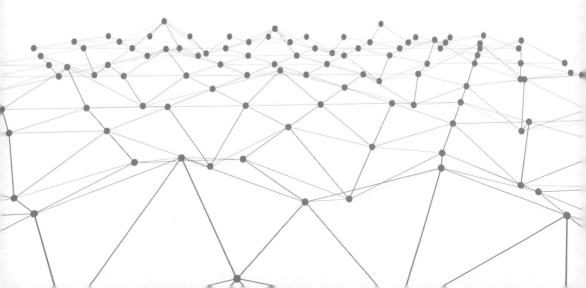

對文章進行深度分析

對於你所蒐集的文獻，目前你已經完成文獻分析的初始步驟，並且也製作出完整的試算表或其他電子表格，其中包含了每篇資料的詳細訊息。現在你需要從每篇文章中提取出更具體的細節，來稍微擴展你的分析，這可以讓你更有效率地組織手中的材料。本章將會協助你完成這項過程。

準則1：尋找文獻中關鍵名詞的明確定義

不同的研究人員有時會以相異的方式定義關鍵名詞，這不需要太過驚訝。如果各個研究對你所使用的變項該如何定義有非常不同的看法時，那麼你會需要將該變項的每種定義筆記下來。而事實上，如果存在許多不同的定義，那麼你會發現在試算表中增加一個單獨的項目來記錄定義，將對你的分析有很大幫助。

要了解定義名詞的重要性，請參考範例5.1.1中有關傳統霸凌（traditional bullying）和網路霸凌（cyberbullying）的定義。範例中的定義首先延伸對於傳統霸凌行為的理解，藉由不同定義方式之間的比對，讓研究者得以從早期的文獻中，了解如何探索網路數位環境中的霸凌行為。同時，作者也繼續擴充網絡霸凌的不同類別。當你在閱讀時，你應該記錄這些定義上的不同，因為這些差異可能可以解釋研究間得出不一致結

果的原因。

範例5.1.1[1]

比較傳統霸凌和網絡霸凌的定義

　　Olweus（1993）將傳統霸凌定義為「反覆遭受一個或多個人的負向行為」。霸凌可以是採用直接的手段，例如身體上的毆打；也可以是間接的、非面對面的方式，例如散播謠言。這個定義與網路霸凌的定義間，有相互重疊的部分。網絡霸凌是一種藉由電子郵件、手機簡訊、社交網站、聊天室、或是即時訊息等媒介，所故意、重複傷害他人的行為（Beran & Li, 2005; Bhat, 2008; Campbell, 2005; Patchin & Hinduja, 2006）。這種行為可以是由一個人施行，也可以是由一群人施行（Smith et al., 2008）。與傳統霸凌不同的是，網絡霸凌不需要面對面的互動，也不需要一個實際聚集的地點，並且它可以是完全匿名的（Dehue, Bolman, & Vollink, 2008; Mason, 2008）。

　　另外，將權威性定義（authoritative definitions，例如：專家提供的定義）特別記錄下來，讓你之後可以用於引述或做總結。例如，範例5.1.2的作者在他的文獻回顧中，曾引用專業機構使用的定義。

---

[1] Schenk, A. M., & Fremouw, W. J. (2012). Prevalence, psychological impact, and coping of cyberbully victims among college students. *Journal of School Violence*, 11, 21-37.

範例5.1.2[2]

引用的專業機構的定義

　　在這篇文章中，我採納了國防部（2010a）對恐怖主義的定義：「故意使用非法的威脅或暴力引發恐懼，試圖脅迫或恐嚇政府或社會，來實現他們在政治上、宗教上或意識型態上的目標。」

　　在試算表中也可以記錄相關名詞的定義，舉例來說，像是範例5.1.3中分別定義兩類性別差異（sex differences和gender differences）。

範例5.1.3[3]

相關名詞

　　雖然在這個領域中還沒有建立標準的規範，生理性別差異（sex differences）一般指的是生理上的差異，或是由生物學上的差異所引起的心理差異。而性別角色差異（gender differences）指的則是社會文化的差異、社會結構的差異或一些起源不明確的差異。在這項後設分析中，我們尚無法了解自我意識情緒經驗（self-conscious emotional experience）在男性與女性間的差異來源。因此截至目前，在這種差異來源尚不明確的狀況下，我們使用「性別角色差異」此一名稱，來表示男性與女性之間情緒經驗的差異情形。

---

[2]　Monahan, J. (2012). The individual risk assessment of terrorism. *Psychology, Public Policy, and Law*, 18, 167-205.

[3]　Else-Quest, N. M., Higgins, A., Allison, C., & Morton, L. C. (2012). Gender differences in self-conscious emotional experience: A meta-analysis. *Psychological Bulletin, 138*, 947-981.

　　請注意，在文獻回顧開頭就提出關鍵名詞的定義，通常會是個還不錯的做法。另一方面，在引用一個定義的時候，我們亦可以考慮列出對比的名詞，如範例5.1.4的例子。

範例5.1.4[4]

名詞比較

　　集體主義（collectivism）的概念是：「強調緊密的、照護的以及支持的人際關係」，相較於個人主義（individualism），在大多數拉丁文化中更重視集體主義，而個人主義則是在美國主流文化中非常突顯的價值觀（Mason et al., 1995, p. 7）。集體主義指出拉丁裔人傾向認為集體的幸福（例如：家庭幸福）高於個人的需求。

準則2：尋找可用於文獻回顧開頭的關鍵統計數據

　　如果你準備在文獻回顧的開頭引用一些統計數據，你不妨在試算表中建立另一個專屬的項目。範例5.2.1呈現有關親密伴侶暴力文獻回顧的第一段話，你可以發現在文章最開始的部分引用百分比數值，會比一般性的陳述（例如：在美國很多人都會被他們的伴侶傷害）更強而有力。

---

[4]　Acevedo, V. (2008). Cultural competence in a group intervention designed for Latino patients living with HIV/AIDS. *Health & Social Work, 33*, 111-120.

範例5.2.1[5]

親密伴侶暴力文獻回顧的第一段話

　　一份具有全國代表性的美國樣本顯示，超過10%的女性和男性，報告他們在過去的12個月中，曾經遭受伴侶的傷害（Straus & Genes, 1990），這反映出美國親密伴侶暴力的高盛行率。

　　在文獻回顧最開始的部分是否要引用統計數據，是視情況而定的選項，有些主題會較傾向於使用這種方法。如果你打算在第一段就進行數量性的描述（例如：一些青少年……；一般來說，投票者更喜歡……），最好是能夠提供一個具體的估計值。對於社會與行為科學領域的很多主題，可以在www.census.gov上找到關於美國的相關統計數據，台灣的一些資料則可以在行政院主計總處，或是中華民國統計資訊網等相關網站中查詢。

準則3：注意和你的主題有關的回顧性文章

　　如果找到跟你的主題有關，或是其他與主題有密切關聯性的議題之回顧性文章（即文獻回顧便是文章的主體，而不是只作為原創性研究論文的前言），請仔細閱讀並做筆記，讓你可以在文獻回顧中摘錄這些文章。根據這條準則，範例5.3.1和5.3.2的作者簡短地概述之前曾發表過的文獻回顧內容。

5　Jose, A., Olino, T. M., & O'Leary, K. D. (2012). Item response theory analysis of intimate-partner violence in a community sample. *Journal of Family Psychology, 26*, 198-205.

範例5.3.1[6]

對於過往文獻回顧的概述

　　最近一篇關於癌症倖存者心理健康的研究回顧顯示，焦慮症的患病率在6%到23%之間，憂鬱症的患病率在0%到58%之間（Andrykowski et al., 2008）。這些估計之間的差異，可能來自於估計所採用的癌症倖存者樣本差異：確診的時間、癌症類型、疾病階段以及癌症治療方法。

範例5.3.2[7]

對於過往文獻回顧的概述

　　例如，最近一項對青少年宗教虔誠性和心理健康的文獻回顧發現，篤信宗教的青少年較少表現出內化和外顯的問題，並且有更高的心理幸福感（Wong, Rew, & Slaikeu, 2006）。

準則4：你可以在文獻回顧中做簡短且重要的引述，但是使用要非常謹慎

　　文獻回顧中直接引述原文應該要非常謹慎，因為使用太多的直接引述

---

[6] Boehmer, U., Glickman, M., & Winter, M. (2012). Anxiety and depression in breast cancer survivors of different sexual orientations. *Journal of Consulting and Clinical Psychology, 80*, 382-395.

[7] Seol, K. O., & Lee, R. M. (2012). The effects of religious socialization and religious identity on psychosocial functioning in Korean American adolescents from immigrant families. *Journal of Family Psychology, 26*, 371-380.

會中斷文章敘述的流暢性。此外，文獻回顧的作者通常會需要比原始作者更為簡潔地總結和解釋自己的觀點，因為比起文獻回顧的作者，原始作者有義務去提供更多的研究細節。然而在一些情況下，有些特別適合的陳述句可能會非常值得我們在文獻回顧中直接引述。例如，在範例5.4.1中，作者回顧了關於依附（attachment）與教養方式（parenting）的文獻，他在文獻回顧中所直接引述的陳述句，簡潔地定義了「依附」這個名詞。

範例5.4.1[8]

直接引述和定義

　　Bowlby（1969）將依附描述為「人類之間持久的心理連結」（p.194），他將依附定義為人們與他人間建立的情感連結（emotional bond），而這位重要他人指的是可以提供個體安全感，以及亦能夠作為個體探索世界的安全基地者（Bowlby, 1988）。

　　另一個需要注意的問題為引用法律事項時措辭一定要準確，因為微小的差異就可能改變詞語的法律意涵。範例5.4.2舉出聯邦法律的引用範例。

---

[8]　Vieira, J. M., Avila, M., & Matos, P. M. (2012). Attachment and parenting: The mediating role of work-family balance in Portuguese parents of preschool children. *Family Relations, 61*, 31-50.

> **範例5.4.2[9]**
>
> **直接引述和定義**
>
> 　　改革了將近十年，龐大又複雜的《不讓任何一個孩子落後》（No Child Left Behind, NCLB）法案，引發公眾對公立學校教育的關注。聯邦NCLB中所用的詞語相當簡潔直接。經過NCLB修訂，《一九六五年中小學教育法案》的111(b)(2)(k)節規定：
>
> 　　實驗學校（charter school）的責任歸屬——在這項法案下，實驗學校的責任歸屬，應依據各州的實驗學校條款。

　　請注意，範例5.4.1和5.4.2中的直接引述非常簡短。在文獻回顧中不適合加入過長的引述（也就是長過於幾個句子），畢竟文獻回顧應該進行原創性的整合，而不是重述已經發表過的內容。

準則5：尋找在方法學上的優勢

　　關於人類行為的任何一個面向，都很難找到有某個研究結果是非常篤定的。但是不可否認，某些研究會比另一些研究更具有說服力，而在文獻回顧中你便需要註記這些優勢。請反問自己：「這篇文獻的證據有多強？」你作為回顧者，你有權力和責任對所回顧的文獻進行主觀評價。

　　研究文章的證據強度，可能取決於所使用的研究方法。這個研究方法

9　Gawlik, M. A. (2012). Moving beyond the rhetoric: Charter school reform and accountability. *The Journal of Educational Research, 105*, 210-219.

是否改進了早期研究資料的蒐集技術？文章的證據強度，是否來自於參與者群體的大小與研究的可類推性（generalizability）？一系列的研究是否能夠經由不同的研究方法得出相同的結論？這些問題與其他類似的問題，能夠引導你判斷某項研究證據的強度。第六章（量化研究）和第七章（質性研究）將會更為詳細地區辨不同方法的優勢。範例5.5.1舉出一項具有優勢的學齡兒童研究證據。

範例5.5.1[10]

一項研究的優勢

　　學齡兒童健康行為研究（The Health Behavior in School-aged Children Study, HBSC）可能是唯一且最佳的多國青少年資料來源。HBSC包括了歐洲與北美的42個國家，針對平均年齡為11.5、13.5和15.5的青少年，每4年會進行一次以學校為單位的全國性隨機抽樣調查。

準則6：尋找方法學上的劣勢

　　請記住，在回顧研究論文的時候，你應該注意你所閱讀文獻中的每一項主要缺失。在辨識研究劣勢的時候，我們應該使用與判斷研究優勢相同的流程。例如，你應該確認作者的研究方法是否能為研究主題提供新的

10　Farhat, T., Simons-Morton, B. G., Kokkevi, A., Van der Sluijs, W., Fotiou, A., & Kuntsche, E. (2012). Early adolescent and peer drinking homogeneity: Similarities and differences among European and North American Countries. *Journal of Early Adolescence, 32*, 81-103.

見解。特別是當該研究使用創新的研究方法時，我們需要考慮：這種研究方法是否合適？它是否可以增加額外解釋的可能性？是否有使用適當的樣本？這些發現與類似的研究結果是否一致？文章中是否有足夠的證據，可讓人合理地判斷研究結論的有效性？

在這裡我們最好也同時評論多篇研究，特別是當這些研究有著類似的缺點。一般而言，逐一註記你回顧的所有文獻裡的每項缺失是非常不恰當的。我們需要留意的是每項研究的主要劣勢，以及注意各篇研究可能共同有的劣勢模式。例如，如果某個次主題下的所有研究論文，其研究結論都是基於非常小的研究樣本，那麼你可能便需要在試算表中標註這件事情。

在範例5.6.1中，作者舉出一個有關自閉症兒童家庭作業完成率和正確率研究的劣勢。

範例5.6.1[11]

一項研究的劣勢

　　這項研究缺少去比較學生S和學生J回家作業的完成度與正確率，以及在課堂上的作業完成度與正確率之間的差異。此外，分析家庭作業和課堂作業的完成時間，應該也能夠提供額外訊息。

---

[11] Gilic, L. (2016). Increasing homework completion and accuracy rates with parental participation for young children with Autism Spectrum Disorder. *Psychology, Society & Education, 8*, 173-186.

準則7：區分出主張與證據

　　文獻回顧的一個常見錯誤，即是把作者的主張當作研究結果。為了避免這種錯誤，請確保你理解作者的證據以及他的解釋。研究結果是源自於實證研究所呈現的證據，而主張則是作者的想法與意見。

　　在範例5.7.1中，讀者可以很輕易地區分段落正文中的主張和最後一句基於證據的陳述，在此重點部分使用了斜體和粗體。

範例5.7.1[12]

證據與主張的區別

　　在暴飲暴食（binge eating）的危險因子中，最受關注的就是節食（Lowe, 1994）。節食被認為會增加過量飲食的風險，因為他們會需要過量的飲食，才能抵消熱量缺乏所造成的影響。節食也可能促進暴飲暴食，因為當違反嚴格的飲食規則後，可能就會造成失控性飲食（破戒效應）。此外，節食需要從依賴生理暗示，轉為使用認知控制飲食行為，而當這些認知過程被破壞後，個體容易受到失控性飲食的影響。節食能夠預測少女暴飲暴食行為的發生（Stice & Agras, 1998; Stice, Killen, Hayward, & Taylor, 1998）、急性熱量缺乏導致成年婦女暴飲暴食的增加（Agras & Telch, 1998; Telch & Agras, 1996），這些結果支持了這項***觀點***。

---

[12]　Stice, E., Presnell, K., & Spangler, D. (2002). Risk factors for binge eating onset in adolescent girls: A 2-year prospective investigation. *Health Psychology, 21*, 131-138.

準則8：確認先前研究結果中的主要趨勢或模式

當在撰寫文獻回顧的時候，你有責任指出你所回顧的研究文章中，研究結果的主要趨勢或模式。範例5.8.1中呈現了相關例子。

範例5.8.1[13]

研究趨勢

　　非常多的隨機臨床實驗和最近的後設分析發現，認知行為療法是治療青少年焦慮症的有效方法（例如：Bodden, Bögels, et al., 2008; Bodden, Dirksen, et al., 2008; Kendall, Hudson, Gosch, Flannery-Schroeder, & Suveg, 2008; Spielrnans, Pasek, & McFall, 2007）。雖然早期兒童焦慮症的治療，只是成人治療方案的向下延伸，但是目前的兒童介入方案已經進行了適當的調整。現在治療兒童時，會考慮到其發展程度、家庭因素、自主性等相關因素（Kendall et al., 2008）。

當然，你可能不會像範例5.8.1的作者那樣幸運，遇到相關主題研究論文的結果有一致的趨勢。在你所回顧的研究論文之間，彼此的研究結果有可能會嚴重地不一致，在這種情況下，你應該設法為你的讀者理出邏輯。例如，你可以根據多數文章一致的結果、或者那些你認為研究方法最具有優勢的文章來論述。只要你清楚為讀者描述你推論的理由，任何取捨都是可以被接受的。最後也再次提醒，仔細地把你的分析發現記錄於筆記

13　Walker, J. V. III (2012). Parental factors that detract from the effectiveness of cognitive-behavioral treatment for childhood anxiety: Recommendations for practitioners. *Child & Family Behavior Therapy, 34*, 20-32.

中，將可以幫助你達成這條準則。

準則9：找出文獻中的研究缺口（gaps）

　　每一個研究所學生的夢想，都是希望能夠在文獻回顧的過程中，發現對碩博士論文的研究而言，很關鍵與明顯的研究缺口。事實上，這樣的缺口其實經常存在，因為研究者在某些領域進行研究時，許多阻礙是不可能一次於單個研究裡全部解決。研究缺口應要撰寫至文獻回顧中，並且討論其存在的原因。如果你發現了一個應該被提及的研究缺口，請記錄它，並且在你規劃文獻回顧架構時，將其納入考量。

　　你會常在過往文獻回顧中，看到被提及的研究缺口，如範例5.9.1。

範例5.9.1[14]

指出文獻中的研究缺口

　　關於青少年因應策略與因應方式的性別差異，過去研究主要是基於西方文獻的研究發現展開討論。相較之下，亞洲國家對於青少年的因應策略以及性別，這兩者在預測因應方式選擇中所扮演的角色，仍缺乏相關研究探討。因此，本研究的目的是在亞洲背景下，以學業表現較佳的學生為樣本，調查他們的因應行為。

---

[14] Huan, V. S., Yeo, L. S., Ang, R. P., & Chong, W. H. (2012). Concerns and coping in Asian adolescents-gender as a moderator. *The Journal of Educational Research, 105*, 151-160.

準則10：找出研究之間的關係

當你閱讀參考文獻列表中的文章時，要注意研究之間可能存在的關聯。例如，一篇具有指標性意義的研究論文所發展出的新研究方法，隨後可能便會有其他人應用這種方法於他們的研究中；或者兩篇文章可能探索類似的問題，只是他們選取了不同年齡或語言族群的參與者。在文獻回顧中指出這些潛藏的關聯是非常重要的，當你撰寫文章的時候，你可以將有關聯的研究放在一起討論。

準則11：筆記各篇文章與你研究主題的關聯性高低

你要盡量讓你的文獻回顧集中在你所選擇的研究主題上，在文獻回顧中納入與研究範圍無關的研究，將會非常的不恰當，所以你的筆記應該要清楚地標註某篇研究跟你的研究主題有關的內容是什麼。

如果你發現研究主題的某個或多個面向缺乏相關的文獻研究，你或許可以回顧關聯性較遠的周邊研究，但是這需要小心謹慎地進行。範例5.11.1描述了在洛杉磯實施的一項課程創新 —— 學校全年教育日程安排（year-round school schedules）的例子。

範例5.11.1[15]

引用周邊研究

　　舉例來說，當洛杉磯第一次開始實施全年教育日程安排時，那時還沒有關於這項主題的研究論文。但是，有一些傳統學年排程的研究中，曾探討學童輪流上課與學年長度對學業表現的影響效果，以及暑期班計畫的效用。撰寫有關洛杉磯這項計畫的論文，學生不得不引用這些周邊的研究文獻，來證明他們有搜尋文獻的能力，以及能撰寫出全面且具有條理的文獻回顧。

　　上述這樣的例子很少見，當你想要做出沒有任何研究和你的研究主題有關的結論之前，建議你先與授課老師討論一下。

準則12：評估你參考文獻列表的新穎性和涵蓋範圍

　　當閱讀完你所蒐集的文獻後，你需要重新評估你的整個參考文獻列表，確保它是最新的而且是完整的。文獻回顧應該要納入該領域的最新發表，依據簡單的經驗法則，你可以使用最近5年作為一個暫定的區間，如果有必要的話，你也可以再擴大文獻搜尋的時間範圍。舉例來說，如果你的文獻回顧是有關某個議題的歷史性概述，那麼你的時間範圍可能就必須超過5年。但是你需要記住，讀者希望讀到最新的研究成果，因此當你不是使用最新的文章時，將會需要提供一個明確的理由（例如，這篇文章是否為指標性研究？是否提供了某一特定主題的唯一證據？是否可以幫助你

---

[15] Pyrczak, F., & Bruce, R. R. (2014). *Writing empirical research reports: A basic guide for students of the social and behavioral sciences* (8th ed.). Glendale, CA: Pyrczak Publishing.

理解研究方法的演變？）。

　　另外，在文獻回顧中，要包含多少篇文獻才足夠呢？這是一個很難回答的問題。一般來說，你的首要任務應該是確認自己已經閱讀了最新的研究。再者，文獻數量不是越多越好，儘可能完整地涵蓋「必要」的文獻即可。最後，你的授課老師或指導教授亦可以協助你決定適合的文獻數量。

第五章活動

1. 現在，你已經大略微瀏覽過所有目前確定要包含在文獻回顧中的文章。接下來請你詳讀每一篇文章，並筆記下列項目於第四章所建立的試算表中：

   (1) 名詞定義（注意哪些名詞對某項特定的研究特別重要）；

   (2) 可以在文獻回顧中強調的關鍵統計數據；

   (3) 方法論的特色，包括抽樣方法、樣本數量等。

2. 記錄每篇文章中明顯的優勢／劣勢。

3. 在每篇文章中，標示出那些提及重要結論或妥善描述研究觀點的段落。並且，你也應該尋找可以在你的文獻回顧中直接引述的語句。

4. 當你在閱讀與研究主題相關文獻時，記錄你發現的所有研究缺口，以及其他你有注意到的模式（例如：各個研究結果之間的相似性／差異性）。

分析量化研究文獻

上一章建議你在撰寫文獻回顧之前，先記錄你閱讀的研究論文裡重要的研究方法優勢與劣勢。本章將提供關於採用量化研究方法時，你需要注意的一些事項。對於修讀過研究方法課程的人，可能會發現本章的重點在於將一些量化研究方法的重要議題，簡要地帶出來討論。

準則1：注意研究是量化的（quantitative）還是質性的（qualitative）

因為量化研究人員會將訊息簡化為統計量（例：平均值、百分比等），所以你可以很容易辨別哪些是量化研究。如果一篇文章的主要結果是用統計數據表示，那麼便可以肯定它是量化研究。從20世紀到現在，主導社會與行為科學研究方法的一直都是量化研究，因此你可能會發現量化研究顯著地多於質性研究。

有關於「如何進行量化研究」的文獻會強調以下內容：

1. 研究需要從一個（或多個）明確論述的假設開始，並且假設需要在整個研究過程中保持不變[1]。只有在對資料進行分析之後，才能評估假設的

---

[1] 量化研究者有時不是以研究假設起頭，而是從特定的研究問題或目的開始。和研究假設一樣，研究問題或目的在整個研究中都會維持不變。

有效性（即在蒐集資料時，假設不應有所改變）。

2. 從特定人群中選出不偏樣本（unbiased sample）（例如：從帽子中抽出名字所獲得的簡單隨機樣本）。

3. 使用數量相對較大的參與者樣本（一個實驗通常至少需要30人，而有時一項全國性調查會多達1,500人）。

4. 使用可以客觀評分的測量，例如多重選擇的成就測驗和強迫選擇的問卷，或是由參與者自評的態度量表與性格量表。

5. 使用統計量呈現研究結果，並且將結果推論至樣本母群（換句話說，在推論那些於研究樣本中所發現的結果時，其認為即便採用研究樣本所來自的母群整體資料進行分析，也應該會發現相似的結果）。

　　另一方面，在社會與行為科學領域中，質性研究有著悠久的傳統，但直到近十幾年，才在許多應用領域獲得大量的追隨者。這個領域的文章標題，通常會包含「質性」這一詞語，因此你可以很容易發現它是質性研究的文章，而且質性研究的研究者通常也會在前言或論文的其他部分中，說明他們的研究是採質性研究方法[2]。再者，質性研究的結果部分會以敘述的形式，描述主題和演變，通常也會附有參與者的訪談內容，這一點也可以幫助你確認該文章是否為質性研究。

　　有關「如何進行質性研究」的文獻會強調以下內容：

1. 從一個一般性的問題開始，不強加僵固或特定的目的和假設來引導研究。在研究者根據該問題蒐集資料時，研究假設才會逐漸成形。而當逐漸蒐集到更多的資料後，這些假設亦可能會隨著研究過程變化。

2. 選擇立意樣本（purposive sample），而不是隨機樣本。例如，一名質性研究者可能會在美沙酮診所，接觸到前來就診的海洛因成癮者，他／

2　請注意，量化研究者很少明確地表示他們的研究是量化的。

她可能認為診所內的案主，可以在解決吸毒者康復問題上提供有用的見解。也就是說，質性研究的研究者，需要用他們的判斷來選擇樣本，而不是採制式化、客觀的選擇（像是從帽子中隨意抽取名字）。

3. 使用一個相對較小的樣本——有時甚至小到僅僅是一個典型的案例。例如一位獲得國家教學獎的數學教師（再次重複，這是所謂的立意抽樣，也就是需要選擇能夠提供重要訊息的來源）。

4. 使用相對而言非結構化的測量方法，例如開放式問題的半結構化訪談（即參與者沒有「選項」來讓他們選擇）、自然環境下對行為的非結構化觀察以及其他等。

5. 密集的評量（例如：花費較多的時間與參與者相處，以對欲研究的現象獲得更為深入的洞察）。

6. 主要或僅用文字呈現研究結果。研究結果將強調對某個立意樣本的理解，而不強調或是會忽略對於更大群體的類推性論述。

　　藉由比較前述有關量化研究和質性研究內容的列表，你可以發現這兩者之間的區別對於評估研究優劣勢非常重要。本章介紹的準則是評價量化研究的常用方法，當你在準備文獻回顧時，你需要在評估和整合時考慮這些準則。有關評估質性研究的準則，將會在下一章中介紹。

準則2：注意是實驗室研究或是非實驗室研究

　　實驗室研究（experimental study）指的是以研究為目的，對參與者進行處置（treatment）並評估其效果。例如在一個實驗中，某些過動的學生給予利他能（Ritalin®），而另一些則是進行行為治療（像是系統化地使用一種或多種行為獎勵），而後研究者評估這兩種處置，在減少課堂

紀律問題上的有效性（請注意，幾乎所有的實驗法都是量化的）。一般來說，實驗室研究的目的是確認因果關係。

非實驗室研究（nonexperimental study）則是在不試圖改變參與者的情況下，測量他們的各項特徵。例如，研究者可能會訪問那些過動的學生，了解他們對自己在課堂上破壞性行為的看法。在這個過程中，沒有研究者會試圖對學生進行處置。這樣的研究可以是量化的（研究者使用高度結構化的訪談問題，讓學生可以從中做選擇，就可以用統計匯整結果），也可以是質性的（研究者使用半結構化或非結構化的訪談問題[3]，並使用文字匯整結果，呈現主題、模式或是理論）[4]。

這裡有一個重要的提醒：不要養成把所有的研究都稱之為「實驗」的習慣。舉例來說，如果你在回顧非實驗室研究，請把它們稱為「研究」而不是稱為「實驗」。只有當有對參與者進行處置的研究，才能使用「實驗」這個名稱。

準則3：在實驗室研究中，注意參與者是否被隨機分配到實驗組中

當參與者是隨機接受處置，這樣的實驗室研究被稱為真實驗（true experiment）。隨機分派實驗處置是用來消除分派中的可能偏誤（例如：若是隨機分派，就不會因系統性偏誤而將較會擾亂課堂的學生分派到行為治療組，剩下的才分派到使用利他能組）。在其他條件相同的情況下，真實驗會比採取其他分派方法的實驗法更有價值。例如，若我們指定一所學

3　此外，質性研究者可能會進行很長時間的多個訪談，而且可能不止一次的訪談。

4　很顯然地，非實驗室研究可以是量化的或質性的，而實驗室研究幾乎都是量化的。

校的學生為實驗組，另一所學校為對照組，我們就需要特別留意到學生並不是被隨機分配至哪一所學校就讀，所以這兩所學校的學生可能本質上就存在差異，而這些差異可能會混淆對實驗結果的解釋（例如：在藝術、科學等方面具有吸引力的學校，其學生的社經地位、語言背景或是自我選擇就會與一般學校的學生有所差異）。

準則4：留意想要檢驗因果關係的非實驗室研究

參與者會被隨機分派到不同實驗條件的實驗法，普遍被認為是探索因果關係的最佳量化方法。但是，有時是不可行或不可能用某些方式對待研究參與者的。例如，如果一名研究人員正在探索父母離婚與子女高中輟學之間的因果關係，很顯然地，我們不可能為了實驗目的，而強迫一些父母離婚，或是強迫一些父母必須保持婚姻。對於處理這個研究問題的最好辦法，是選擇一些輟學的學生和一些沒有輟學的學生，然後調查他們父母離婚率是否像我們所假設的存在差異[5]，不過使用這樣的方法時，這兩群學生在社會經濟地位、就讀學校品質以及其他研究上重要的特質，將會需要非常相似。假設離異父母的子女輟學率，確實會高於非離異父母的子女輟學率，但這是否就意味著離婚會導致更高的輟學率？答案亦是不一定的。這個結果仍值得商權，因為研究者可能忽略了一些可能的因果變項。例

---

[5]　如果研究者有大量的資源和長時間的計畫，他們可以進行一項研究：追蹤兒童進入學校到畢業或輟學的過程，調查有哪些學生選擇了輟學、哪些學生沒有，以及哪些學生的父母離婚了。不過由於可能存在混淆變項，在確認因果關係上，這種縱向研究方法仍不如實驗室研究精確（即除了離婚之外，學生決定輟學的原因還有很多，研究人員可能無法控制所有的因素）。

如，也許那些傾向於離婚的父母，有著較差的人際交往能力，所以與孩子的關係也不太好，因此輟學的主因可能是孩子們家庭教養中的這項缺陷，而不是父母離婚本身所造成的[6]。

前述的研究可以算是因果比較（causal-comparative）（或事後回溯）研究的範例，當採用此法時，研究者觀察當前的狀況或是結果（例如：輟學），並且搜尋過去歷史中的可能前因變項（例如：離婚）。由於因果比較研究在檢驗因果關係上，會比真實驗更容易出錯，所以當某項結論是基於因果比較法時，就會需要特別加以留意。除此之外，你也應該考量是否還有其他研究者可能忽略的因果解釋。

準則5：檢視測量工具的再測信度

量化研究者稱呼於他們做研究時所使用的工具為「測量」（measure），如測驗或問卷調查。因此「測量方法」這一名詞，指的便是量化研究者量測重要變項的過程。

信度（reliability）指的是結果的一致性。我們在這裡舉一個例子。假設我們在某一週進行大學入學考試，然後在下一週再進行一次重考。如果第一週得分高的受試者，在第二週也有得分高的趨勢，那麼我們會認為這項測驗是有信度的[7]。我們可以藉由計算相關係數，來量化測驗的

---

6 果對上述這項限制還是不太懂，可以進一步看看這個範例。假設根據這項研究，獨裁政府為了降低輟學率，在法律禁止父母離婚。如果學生輟學的真正原因是父母人際交往能力較差，那麼禁止離婚就不會產生預期的效果，因為它並不是因果關係的因素。相反地，政府應該做的是藉由提供一些方案，幫助父母提高他們的人際交往能力，尤其是在與孩子的互動情境上。

7 同樣地，當測驗的信度高時，那些在第一週得分低的受試者，在第二週的得分也會比較低。

信度，相關係數的範圍在0.00與1.00之間，1.00代表了完美的信度。量化研究者一般認爲，測量工具的信度係數在0.75以上，就代表有適當的信度。我們在這個例子中所說的信度，一般被稱「再測信度」（test-retest reliability）[8]。

　　當你分析一篇量化研究時，你需要檢查測量方法的段落，確認研究者是否有提供研究中所使用的測量工具之信度資訊。通常這類訊息都會像範例6.5.1一樣，被研究者簡單明瞭地呈現出來。

範例6.5.1

研究報告中再測信度的簡短說明

　　根據報告，間隔2週後再次施用藥物的再測信度為0.81，結果指出本研究具有適當的信度（Doe, 2016）。

　　雖然範例6.5.1中的聲明很簡短，但它確保你正在分析的研究有考量信度這項重要的問題。此外，它還提供你一篇參考文獻（即Doe, 2016），讓你可以尋求更多有關信度檢驗的資訊。

準則6：檢視研究工具的內部一致性信度

　　再測信度考慮的是測量結果隨著時間推移的一致性（見準則5），而「內部一致性信度」（internal consistency reliability）指的則是在同一個時間點的結果一致性。爲了理解這個概念，試想有一個多重選擇測驗，

---

[8] 其他測量信度的方法超出了本書範圍。

其中僅包含兩題程度相同的代數試題，假設受試者正確地回答出其中一道題目，而在另一個題目上卻回答錯誤，這代表這兩題缺乏內部一致性，因為我們從兩個題目中，所能了解到的受試者代數知識是不相同的（即在一個測試題目中，受試者獲得了一分，而在另一個測試題目中，受試者獲得了零分，而零分是一個題目中的最低得分）。我們現在將這個概念擴展到有大量題目和受試者的測驗中，如果那些正確地回答任意一個測驗題目的受試者，也具有正確回答其他測驗題目的趨勢（並且如果錯答任何一個測驗題目的受試者，也有錯誤地回答其他測驗題目的趨勢），則該測驗可以被認為是擁有良好的內部一致性信度[9]。

缺少內部一致性信度，代表某些題目未能按照所指稱的想法運作。造成這個現象的可能原因有很多，一個明顯的原因是由於某些題目的語句模稜兩可，反而讓那些有著豐富知識的受試者，因此給了錯誤的答案。可以想見，這肯定不會是研究者想要得到的狀況。

內部一致性係數幾乎都是藉由計算稱之為「Cronbach's alpha」（符號為 α）的統計量來檢驗，這與相關係數類似，α 的數值範圍在0.00到1.00之間。通常認為0.75以上的數值，對於以研究為目的的測量工具來說，代表其具有適當的內部一致性信度[10]。範例6.6.1顯示研究論文中報告Cronbach's alpha的可能方式。

---

[9] 換言之，具有高度內部一致性的研究工具，可以被視為由同一組具同質性的題項所組成的（即所有題項都傾向於探究相同的技能、態度等）。

[10] 如果你學習過統計學，你應該會知道相關係數也可能會有負值。然而，在估計信度和內部一致性的實際應用中，它們的數值都是正確。

範例6.6.1[11]

研究論文中內部一致性信度的簡短說明

　　多向度兒童焦慮量表（Multidimensional Anxiety Scale for Children, MASC）

整體與四個分量表各自的內部一致性係數都很高：焦慮量表為.99，PS為.95，HA

為.88，SA為.96，以及SP為.93。

　　雖然範例6.6.1中的聲明很簡短，但是你可以根據它確認研究者有考慮到內部一致性信度。

準則7：檢視測量工具的效度

　　當一個測驗工具（例如：大學入學考試）被認為是有效的，這代表它有測量到我們認為它應該測量到的內容。舉例來說，如果美國大學入學考試能正確預測誰能否在大學中取得成就，那麼這項考試就可以被認為是有效的。但實際上，沒有任何方法是完全有效的，美國大學入學考試也僅具有中等的效度。

　　在「效標關聯效度」（criterion-related validity）的研究中，受試者在某一項測驗上的得分（例如：大學入學考試）會與其他測驗上的得分（例如：大學新生的GPAs）有相關。效標關聯效度是藉由計算相關係數來說明關聯性，這樣做所得到的相關係數被稱為效度係數（validity

---

[11] Rodriguez, A., Reise, S. P., & Haviland, M. G. (2016). Evaluating bifactor models: Calculating and interpreting statistical indices. *Psychological Methods, 21*, 137-150.

coefficient)[12]。對於以研究為目的的測量來說，基本上係數大於0.30即為合適的效度。範例6.7.1呈現有關大學入學考試的「預測效標關聯效度」（predictive criterion-related validity）之簡短說明，我們稱其為「預測」，是因為招生考試是在某一個時間點進行，而結果（GPAs）則是在那之後所測量，藉此判斷大學入學考試成績是否能良好預測GPAs。

範例6.7.1

研究論文中有關預測效標關聯效度的簡短說明

　　使用240名獲得一所小型文學院錄取的受試者為樣本，Doe（2016）計算各類大學入學考試分數與第一年學期表現成績之間的相關，這項檢測發現大學入學測驗是有著適當的校標關聯效度（$r = .49$）。

　　範例6.7.2是「同時效標關聯效度」（concurrent criterion-related validity）的簡要說明，其「同時」指的是兩項測量的施測大約是在同一個時間點。

範例6.7.2

研究論文中有關同時效標關聯效度的簡短說明（預測性的）

　　在之前的一項研究中，Doe（2016）蒐集戒菸量表（Smoking Cessation Questionnaire）分數，與受過訓練且經驗豐富的訪談者所獲得的訪談資料，並分析兩者之間的相關。量表是在參與者接受訪談的當天同時施測。以訪談的數據作

---

12 效度係數（validity coefficient）就是相關係數，符號是r。

為判斷戒菸問卷效度的效標，資料分析發現問卷具有良好的效標關聯效度（$r =$ .68）。因此，在測量戒菸行為上，戒菸量表具有合適的效度，是可以用來替代較為昂貴的訪談。

另一種主要的效度類型是「建構效度」（construct validity），即為測量工具能夠量測到想要測量的理論概念之程度。任何基於數據資料的研究，都須說明測量工具的建構效度。建構效度有許多形式，其中大部分內容都超出了本書的範圍。不過，若要說明此類研究會是如何進行，可以參考範例6.7.3的用法。

範例6.7.3

研究論文中建構效度的簡短說明

　　研究發現，新版ABC焦慮量表與已發展成熟的貝克憂鬱量表的得分，兩者存在相關且其相關係數為.45。這與主流理論以及先前的研究結果（如Doe, 2016）一致，指出焦慮的個體可能同時存在中度的憂鬱傾向。因此，這項相關性為新版焦慮量表的效度提供了間接證據。

最後一個主要的效度類型是「內容效度」（content validity），內容效度的測量是指由一名或多名專家對測量工具的內容進行評估，其中以確認成就考試的內容效度尤為重要。例如，專家會被要求比較評估教學目標與學業考試所包含的內容，來確定兩者的符合程度。內容效度也可以運用在其他類型的測量工具，具體範例請參考範例6.7.4。

範例6.7.4

在一項研究論文中有關內容效度的簡短說明

　　在這項實驗中，使用嬰幼兒發展檢查表（Infant Development Checklist）作為測量結果變項的工具。在之前的研究中，Doe（2016）曾藉由三位發展心理學教授所進行的判斷，報告這項測量具有不錯的內容效度。

準則8：檢視某種測量是否只對特定研究目的有效

　　某項測量工具就算在先前某研究中被證明具有合理的效度，它也不一定在其他所有的研究中都會一樣具有效度。舉例來說，一份對於青少年來說是具有效度的態度量表，若要在另一項研究中用於較為年幼的孩童時，其效果便尚不明確。因此，如果研究目的為探討年幼孩童的態度，那麼這項測量工具的效度便是未知的。用更為一般的話語來說，一項測量工具的效度與其研究目的息息相關，某個測量在某個研究目的下（例如：測量青少年的態度），可能比另一個有著不同研究目的的研究（例如：測量年幼孩童的態度）有更佳的效度。

準則9：注意變項在不同研究間的測量方法差異

　　可能有不少已發表的研究，有測量你有興趣的變項，而當你在檢視這些研究時，你可能會發現不同的研究會使用不同的工具來測量該變項。舉例來說，某位研究者可能是使用強迫選擇的問卷（例如：參與者需要在「非常同意」到「非常不同意」之間做出選擇），來測量參與者對學校的

態度；而另一位研究者，可能使用課堂行為觀察列表，來辨別正向或負向的態度（例如：兒童在課堂活動中相互合作的情形）。如果使用不同測量工具的不同研究，彼此間的結果有相似性時，那麼更能增加對該研究結果的支持程度。同樣地，不同研究間的研究結果若有差異，顯然亦有可能是因為使用了不同的測量方式。

　　請注意，執行測量方法的過程中，研究者需要決定從那個來源蒐集資料。舉例來說，要研究青少年暴力違法犯罪行為，某個研究者可能會從參與者的同伴尋求資料，另一個研究者可能會從參與者本人蒐集資料，基本上兩方可能使用一樣的量表[13]，然而這種測量來源的差異，可能會導致研究結果有所不同。

　　鑑於以上情況，你應該尋找不同研究間，可能是由於測量所導致的特定模式。例如，是否支持某一結論的所有研究，都是使用某種或某類的測量方式，而支持不同結論的研究，則是使用了不同的研究方法？如果你所做的筆記能夠揭露這些現象，你可以在文獻回顧中像範例6.9.1對此現象進行說明。

範例6.9.1

文獻回顧中指出測量方式差異的簡短說明（推薦的）

　　儘管有兩項使用郵寄問卷的研究，支持青少年極少使用吸入劑的發現（少於0.05%），但是有三項採用面對面訪談的研究，都報告超過5%的青少年使用吸入劑。

---

13 當透過參與者的同伴來蒐集研究數據時，可能會問他的同學：「在過去的一週中，你的朋友John有沒有告訴你他有跟人打架？」。當由參與者本人蒐集研究數據時，可能會問參與者本人：「在過去的一週中，你是否有跟人打架？」

請注意，範例6.9.1比範例6.9.2中提供的訊息豐富很多。

範例6.9.2

文獻回顧中未能指出測量方式差異的簡短說明（不推薦的）

　　針對青年吸入劑使用率的研究，有著不一致的結果。有兩項研究聲稱青少年吸入劑使用比例極低，而另三項研究則表明其比例超過5%。

準則10：注意參與者的抽樣方法

　　多數量化研究者對於母群所做出的推論，是僅根據他們所研究的樣本，你應該在筆記中記錄研究樣本是否能夠代表所希望類推的母群。從量化研究的研究者觀點來看，隨機抽樣是最好的方法。

　　不幸的是，大多數研究人員無法使用隨機樣本（至少不是最純粹的隨機樣本）。這有兩個原因使得事實如此，首先，如果要採用隨機樣本，許多研究者的研究資金是無法負擔，同時也缺少能夠配合的人員。因為大多數社會與行為科學的研究者都是教授，所以並不意外地，經常會從其任教的學院或大學中的學生群體抽取樣本。然而，由大學生族群所反映出的研究結果，可能是無法類推到其他群體的。

　　第二，即便是使用抽籤的方式隨機抽取，還是很難避免一些被選取上的人會拒絕參與研究。在使用郵寄的問卷調查中，這類問題尤其困擾，因為這類調查的回覆率是出名的低。其實這也不太令人意外，舉例來說，在一項針對專業協會（例如：公立學校教師協會）成員的全國調查中，隨機郵寄調查問卷所獲得的回覆率僅有25%。

　　當研究不是隨機樣本並且回覆率低時，應該要非常謹慎地解釋研究結果。由於缺乏有力的證據，這樣通常僅會被視爲是「有此可能」（suggestive）的研究結果。

準則11：記下參與者的人口統計資料

　　記下參與者的人口統計資料[14]，也可以幫助你辨識出文獻中的特定模式。例如，研究領取失業補助到找到工作的轉換歷程，那些使用城市樣本的研究者所獲得的結果，是否會與那些使用鄉下樣本的研究者不同？參與者來自於城市或鄉下的差異（人口統計特徵），是否能解釋研究結果的差異？請注意，你是無法肯定地回答這個問題，但是你可以在文獻回顧中提出這個可能性。其他在研究報告中經常報告的人口學特徵有：性別、人種、種族、年齡以及社會經濟狀況。

　　那些有詳細報告人口統計資料的研究，通常比未詳細報告人口統計資料的研究更爲有用。

準則12：除了統計顯著性，也要注意差異有多大

　　當研究者指出某項差異是具有統計顯著性時，其代表經由統計工具的檢測，這個差異大於源於單純偶然所產生的差異。這並不表示這個差異就眞的很大──統計學教科書需要好幾個章節來解釋爲何會如此，不過，接下來的比喻可以幫助你理解這項觀點：假設美國參議員的競選非常激烈，

14　人口統計學資料（demographics）是指參與者的背景特徵。

候選人A以10票戰勝了候選人B，這確實是很小的差異，但是它卻非常重要（也就是說，藉由系統化與詳盡地計算所有選票，我們確認一個非常小的、非偶然的以及「真實」的差異）。

　　由於即使是一個很小的差異，也常會具有統計顯著性，建議你將文獻中找到的差異大小記錄下來[15]。假設你讀的幾項研究指出，英文作文電腦輔助教學能稍稍提高學生的學業成績，雖然效果不大但統計顯著。為了公平起見，你應該像範例6.12.1指出差異的大小，讓讀者可以自行判斷。如果你在閱讀和分析文獻的時候做了適當的筆記，你將可以寫出類似下方的陳述。

範例6.12.1

研究中的差異

　　一項在美國各地大學進行的一系列真實驗，實驗組接受英語作文的電腦輔助教學，而讓數學成績較高，雖然只比對照組高一點點，但是卻具有統計顯著性。平均來說，所增加的成績僅是在多重選擇測驗中提升1%.。儘管這項結果顯著，但是這些效果卻非常小，使得要推廣這項實驗處置，會是建立在有問題的基礎上。尤其是相較於傳統方式（控制組），使用電腦輔助教學需要更高的成本。

---

[15] 越來越多的量化研究者會報告他們的效果量（effect size）大小，這是一個相對較新的統計量，用以衡量不同參與者群體之間的差異，相對於不同參與者之間個體差異的大小。雖然討論這個統計量超出了本書的範圍，但是如果你在回顧文獻時遇到這個統計數字，可以使用這個粗略的原則：小於.25的效果量代表微小差異，大於.50的效應量表示有較大差異。

準則13：預設所有的量化研究都存在缺陷

　　幾乎所有量化研究都會受到各式各樣的誤差影響，所以沒有任何一項研究，應該被認為可以提供某項研究問題的最終解答。事實上，這就是你為什麼需要整合各篇原始研究報告中的證據，藉以衡量這些各有不同但皆易受誤差影響的證據線索。如此一來，才能夠基於你所回顧的文獻，達成某些比較合理的結論。這帶出了一項重要的觀點：在實證研究中討論研究結果的時候，絕對不要使用「證明」（prove）這個詞。實證研究並無法提供證明，其只能為這些研究提供不同程度的證據，而某些研究會比其他的研究，能夠提供更為有力的證據。在分析研究論文的時候，你需要筆記每篇文章中的證據可信度有多高。在其他條件都相同的情況下，你應該在你的文獻回顧中，著重於那些提出最有力證據的研究。

　　這條準則引導出另一條重要的原則。換句話說，你不需要去剖析和討論你所引用文獻的每一項缺失，因為每篇研究都有其缺失存在。你應該把重點放在記錄研究中的主要缺失，特別是那些你在文獻回顧中特別想要強調的研究。此外只要條件允許，你應該針對某一群組研究所採用的研究方法進行評論。例如，你可能會指出你在回顧的某組文獻中，都有某項共同的缺點。當你閱讀這些文章的時候，好的筆記會幫助你發現這些共同之處。

結論

　　本章簡要地介紹一些你可以檢視的重要方法學問題，幫助你整理有關量化研究論文的筆記，為撰寫文獻回顧做好準備。當你在閱讀那些打算要

加入文獻回顧的文章時，你會不斷發現還有其他額外的問題，這是因為研究者也常會評論他們自己的研究，亦會評論其他期刊論文的研究。仔細閱讀這些評論，能夠幫助你更全面地理解你將要回顧的研究文章。

第六章活動

說明：找到一篇使用量化研究的原創性論文，其最好是能與你正在回顧的主題有關，然後請回答下列問題。為了學習的目的，老師可能會指定一篇文章給班上的所有同學閱讀，這個活動亦可以用小組的方式進行。

1. 你所找到的這篇論文有那些特徵，讓你認為它是量化研究？

2. 這個研究是實驗室研究還是非實驗室研究？你是基於什麼而做這項判斷？

3. 如果這個研究是實驗室研究，參與者是否有被隨機分派到不同的處理條件下？如果不是，那麼研究者是如何分派參與者的？

4. 如果這個研究是非實驗室研究，研究者是否有試圖探討變項間的因果關係？如果有，他／她是否有使用因果比較研究法（causal-comparative method）？請說明。

5. 使用了哪些類型的測量工具（例如：儀器）？研究者是否提供了足夠的訊息，讓你能夠判斷在這項研究中使用這項方式的恰當性？如果有足夠，那麼根據這些資訊，你認為研究所使用的測量工具是否恰當？如果訊息並不充足，那麼還需要報告哪些有關測量工具的訊息？

6. 研究者是如何取得參與者樣本？是隨機從人群中抽取的嗎？如果研究是郵寄調查問卷，回覆率是多少？

7. 研究者對參與者的人口背景描述是否夠詳細？請說明。

8. 如果研究者報告統計上顯著的差異，他們有沒有討論這些效果是否為很大的差異？在你看來，這些差異是否大到足以有實務上的重要性？請說明。

9. 研究者是否有在研究限制中評論他自己的研究？請簡要描述你在研究中發現的任何主要缺陷。請說明。

分析質性研究文獻

第六章的第1條準則說明了質性研究與量化研究的主要不同之處，這邊便假設你已經清楚明白兩者的差異[1]。我們在第六章處理分析量化研究的問題，第七章則是說明分析質性研究的方式。

準則1：留意研究是由個人還是研究團隊所執行

雖然量化與質性研究都經常是由研究團隊負責執行，不過比起量化研究，一個研究是否屬於研究團隊計畫對於質性研究會更為重要。舉例來說，假若一位量化研究者使用一份客觀態度量表、計算量表分數，並運用統計軟體分析資料，你可以很合理地推測其他謹慎地計分與輸入資料的人，應也可以得到和研究者相同的結果；可是，當一位質性研究者使用開放式與半結構化的訪談，他的原始資料會是非常多頁的訪談逐字稿，而不同的研究者，很可能以不同的方式進行分析與說明，造成資料分析的效度問題。但如果質性研究是由一組研究者共同分析資料內容，並且在資料解釋上亦達成共識，那麼相較於個人執行的分析，我們更能夠信賴有團隊共

---

[1] 我們強烈地建議，即便是專注於質性研究文獻回顧的學生，你仍應該仔細地通篇閱讀完第六章的內容。

識的研究結果。

　　不過，也不是所有的質性研究都必須由團隊執行才可以，事實上那些能勝任共同分析的研究者，可能也很難抽出時間與他人合作，而碩博士論文的要求也是希望研究由個人單獨完成。若是遇到這些狀況，讀者特別需要留意該質性研究是否至少使用一種本章準則3與準則4提供的技巧。

準則2：若是有研究團隊，請注意初步資料分析是否為各別獨立完成

　　研究團隊成員在分析質性研究資料時，應該先各自獨立執行且不要互相討論，以確保彼此間不會過度地影響對方對資料的解釋。初步分析之後，研究團隊成員通常會共同針對不一致的看法進行討論，直到達成共識。這個過程描述如範例7.2.1。

範例7.2.1[2]

研究團隊成員各自獨立分析後，達成共識的過程陳述

　　病患臨終判斷與後續追蹤的內容皆來自於病患訪談，我們根據共識質性研究的原則（Hill et al., 2005）討論每個案例意見不一致之處，直到找出有共識的解決辦法。為了深化性格相關問題的討論與情感依附變化的內容，我們依據每件個案與時間點，編輯彙整內射性格向度和口頭個案解析。在討論的過程中，每件個案會逐一與其他個案做比較、重新回顧與評估，並且為不同時間點的變化加上註記。

---

[2] Werbart, A. & Levander, S. (2016). Fostering change in personality configurations: Anaclitic and introjective patients in psychoanalysis. *Psychoanalytic Psychology, 33*, 217-242.

在其他條件都一樣的狀況下，先初步獨立分析資料，再共同討論分析結果的質性研究，其研究結果會比未執行這些步驟的研究來得強而有力。

準則3：留意是否有向外部專家諮詢

向一位或多位外部專家諮詢可以增加讀者對質性研究結果的信賴程度，當研究是由個人而非團隊所完成時，外部諮詢又更加地重要（見準則1），然而不論是個人或團隊研究，外部專家諮詢都會幫助提高結果的可信度。

在質性研究中，外部專家提供資料分析結果的適當性評估，通常被稱之為同儕評閱（peer review）歷程，像是範例7.3.1裡的研究者聚集一群跨領域專家，在資料蒐集的過程中，便開始主導研究結果的討論與解釋，這個歷程可以顯著地提高讀者對研究結果的信賴度。另一方面，若外部專家是負責在研究完成後，審閱整個研究執行的過程以及資料分析的結果，則我們通常稱這種專家為審核者（auditor）。

範例7.3.1[3]

由一組專家進行的資料分析陳述

在每波訪談結束後，一組完整的調查團隊（包含了消費權益倡議者、社會學家、心理學家、人類學家、精神學家以及統計學家）會聚集在一起回顧與討論從

---

[3] Yarborough, B. J. H., Yarborough, M. T., Janoff, S. L., & Green, C. A. (2016). Getting by, getting back, and getting on: Matching mental health services to consumers' recovery goals. *Psychiatric Rehabilitation Journal, 39,* 97-104.

各波訪談、問卷以及健康規劃資料所得的結果。這些資料與調查者的三角交叉檢定將提高結果的精準度（Patton, 1999），本研究的分析結果，不論在主要或交錯的主題上都有達到飽和（saturation）（Miles & Huberman, 1994）。

準則4：留意資料的解釋是否有向受訪者確認

　　有關如何執行質性研究的文獻，強調質性研究內容要能夠反映受訪者的實際感受，也就是說，質性研究的目標在於了解受訪者如何知覺他們的現實狀況，而不是建立所謂的客觀事實。所以質性研究者適合準備一份容易閱讀的結果報告給受訪者（或者是一部分的受訪者），並詢問這份報告所呈現的內容有多貼切於他們的感受知覺。質性研究稱此過程爲「成員檢核」（member checking），這個稱呼是源自於認爲受訪者其實也是質性研究團隊的一員，其負責「檢核」研究結果的正確性。範例7.4.1陳述這個過程可以如何呈現於研究論文中。

範例7.4.1[4]

運用成員檢核的陳述

　　成員檢核相當重要，因為它可以幫助我們確保有適當地描繪出受訪者意義建構的過程，並尤其能夠讓建構式研究儘可能忠於受訪者的知覺（Crotty, 2003）。

---

[4]　Smith-Adcock, S., Davis, E., Pereira, J., Allen, C., Socarras, K., Bodurtha, K., & Smith-Bonahue, T. (2012). Preparing to play: A qualitative study of graduate students' reflections on learning play therapy in an elementary school. *International Journal of Play Therapy, 21*, 100-115.

前述的學生皆認為，資料分析的結果有符合他們的經驗，舉例來說，如同研究發現所示，他們亦覺得運用設立限制與使用以兒童為中心的治療技巧，這兩者是與兒童建立關係的最恰當方法，受訪者也同意他們使用遊戲治療的意願會隨著他們的經驗而提高。

即便成員檢核不是判斷此質性研究是否妥當的必要條件，但它可以為單獨執行者提供很大的幫助，因為獨立進行研究的學者或學生，不像研究團隊有團隊成員可以相互討論結果的正確性。

準則5：留意研究者是使用立意樣本或便利樣本

如同第六章準則1所說的，質性研究應該儘可能地使用立意樣本（purposive samples）。立意樣本的選取標準有經過研究者仔細地考慮，判斷何種研究對象可以成為該研究主題的良好資料來源。舉例來說，一位要評估臨床計畫效果的質性研究者，可能會傾向訪談幾位剛開始參與的人，以及幾位已經參與計畫一段時間的人，樣本選擇的標準亦包含了性別（例如：同時選擇一些男性和一些女性）、年齡、參與頻率（例如：只選擇有定期參與計畫者）。

範例7.5.1的作者在文章中說明了他們選取立意樣本的標準。

範例7.5.1[5]

使用立意抽樣的陳述

　　本研究使用非機率的立意抽樣策略招募單親家庭作為參與者，並限定為自小父親即不同住，而母親之後亦未與其他人同居的家庭。我們依父親離開家庭時的孩童年紀為基礎進行取樣，而不是單看婚姻狀態，因為有研究指出居住安排比父母婚姻狀態更能夠反映出家庭結構的樣貌（Bumpass & Raley, 1995; Sigle-Rushton & McLanahan, 2004）。我們使用跟Weinraub與Wolf（1983）單親媽媽家庭研究相似的年齡切分點，排除父親在孩童2.5歲以後才離開的家庭，同時，由於過去研究發現原生父親與孩童的關係會受到繼父形象影響，因此本研究也排除母親之後有跟伴侶同居的家庭，以避免先前研究結果造成的混淆（Amato et al., 2009; Juby, Billette, Laplante, & Le Bourdais, 2007）。最後，若孩童沒有跟原生父親聯絡過的印象，或是不知道原生父親是誰者，亦會被本研究排除。

　　另一方面，便利樣本（sample of convenience）指的是研究者僅僅或主要根據樣本的容易取得性而選擇該樣本（例如：方便合作的人），如同範例7.5.2所述。

5　Nixon, E., Greene, S., & Hogan, D. (2012). "Like an uncle but more, but less than a father"-Irish children's relationships with nonresident fathers. *Journal of Family Psychology, 26,* 381-390.

範例7.5.2[6]

使用便利抽樣的陳述

　　本研究的資料是在1997年至2008年之間，蒐集於瑞典的斯德哥爾摩地區委員會精神醫學院，其中包含了14位公費贊助的心理分析個案（12位女性與2位男性）。病患社會人口特性的細節呈現於其他研究（Werbart & Forsstroöm, 2014），本研究統整如下：病患開始進行心理分析的平均年齡為33歲（SD = 6.9；年齡範圍：25歲-45歲），其皆有良好的教育水準，並曾在治療前因病休過長假（M = 106天；SD = 131；範圍：4-330），病患亦皆由精神科門診轉介至心理分析，其中13位曾受過精神科治療，12位在心理分析治療前曾接受過心理治療。

　　請注意不論是質性或量化研究皆較不傾向使用便利樣本，但有時候研究者在有限的人脈與資源之下，他也只能選擇便利抽樣作為抽樣方法，然而使用這種方法所得到的研究結果，在解釋與推論時便需要特別小心。

準則6：注意是否有描述參與者的基本資料

　　如同第六章的準則11所述，對於分析研究論文是否適合納入文獻回顧來說，準備好每篇研究參與者人口統計資料的紀錄將相當有幫助。文章提供主題相關的參與者人口統計資料，可以讓讀者知道參與者是哪些人，並幫助他們判斷研究採取這樣的樣本是否恰當。舉例來說，範例7.6.1所描述的人口基本資料是屬於一個針對孩童聽覺事件記憶的研究，而從範例

6　Werbart, A. & Levander, S. (2016). Fostering change in personality configurations: Anaclitic and introjective patients in psychoanalysis. *Psychoanalytic Psychology, 33*, 217-242.

中我們可以看到，該研究參與者基本資料是符合他們的研究主題的。

範例7.6.1[7]

研究的參與者人口統計基本資料範例

　　25位小學一、二年級的學生（M = 7歲6個月，SD = 4.8個月，範圍：6歲11個月至8歲7個月，9位男性）以及35位小學三、四年級的學生（M = 10歲8個月，SD = 6.2個月，範圍：9歲7個月至11歲11個月，15位男性）參與本研究。其中，55位孩童的種族為歐洲人，2位孩童有一半的血統為歐洲人，另有3位孩童的種族不明。參與者是招募自挪威一座大城市的小學，且本研究有通過該地區倫理委員會的審查（請參考「赫爾辛基宣言」，1964）。

準則7：請細想是否有充分地描述質性分析方法的細節

　　對於一個合格的研究，資料分析的方法需要謹慎地規劃並且有其系統性。相較之下，隨性的觀察加上純粹主觀的討論不能視之為「研究」。

　　為了幫助讀者判斷一篇論文是否為夠格的質性研究，質性研究者應該多撰寫一些他們如何分析資料的細節，若研究者只說：「本研究使用扎根理論」，或「這個分析是根基於現象學取向」，皆是遠遠不夠充分的。在範例7.7.1中，研究者先是介紹他們採用共識質性分析法（consensual qualitative research, CQR）作為分析方法，並提供更多關於此方法內容的引用來源以及他們遵循的CQR步驟，並將這些總括於其文章之中。

---

[7]　Burrell, L. V., Johnson, M. S., & Melinder, A. (2016). Children as earwitnesses: Memory for emotional auditory events. *Applied Cognitive Psychology, 30*, 323-331.

範例7.7.1[8]

使用共識質性分析法的陳述

　　訪談資料使用Bogden與Biklen（2007）建議的共識質性方法進行分析，並由作者群親自執行。研究者先將自己完全浸入這些資料中，藉由反覆閱讀這26位參與者的訪談逐字稿，以對這些資料有全面的了解。接下來，研究者群將一起建立可以代表參與者形容的議題之分類編碼，研究者會先各自分類，再跟其他研究者分享與討論。在這個過程中，編碼有時會分歧並再次聚合成更精準的分類，最後確認的分類標準便用於訪談資料編碼。而當研究者發現分類標準有歧異時，他們便回歸到資料，再次建立最能夠代表參與者反應的分類編碼。在研究結果中，參與者所述內容將以數字和性別標示。

準則8：若質性研究者有討論量化問題，請注意文章是否有提供量化資料。

　　質性研究不代表就應該忽略量化訊息，或者乾脆不報告量化資料。舉例來說，質性研究適合使用統計數據描述參與者基本資料，如同範例7.6.1所示，文章中可以呈現平均年齡以及一些百分比的數據。

　　當要陳述研究結果時，不建議用類似「一些參與者提到的議題為……」或「很多參與者覺得這個議題是……」的敘述方法。一種可以將

---

[8]　Brower, N., Skogrand, L., & Bradford, K. (2016). Measuring the effectiveness of experiential date nights: A qualitative study. *Marriage & Family Review, 52*, No. 6, 563-578.

質性結果量化的方式為「文字計數」（literal enumeration），也就是說明每筆結果包含了幾位參與者，但是這樣報告一堆數字可能反而會造成質性研究結果很混亂。因此，另一種可能的方法是為模糊的詞彙（例如：很多）建立量化的標準，如範例7.8.1，將這樣的說明放在結果段落的開頭，能夠幫助澄清研究者如何定義與使用那些詞彙。

範例7.8.1[9]

為模糊的詞彙下量化定義

　　數目類資料將使用於接下來的研究結果中。其中，「很多」代表的是多於50%的參與者有此特定類型的回覆，「一些」代表介於25%至50%的人有這類回覆，「很少」則代表少於25%的人有這類回覆。

在其他條件都一樣的狀況之下，相較於沒有量化準則的質性研究，有提供量化準則者對讀者來說將更有幫助。

結論

本章簡要說明一些較為重要的質性研究方法學議題，你在為籌備質性研究報告的文獻回顧做筆記時，建議多多考量這些準則。另外，也建議你在閱讀這些為文獻回顧所蒐集的文章時，將任何其他可能會影響研究的效度與結果的因素皆記錄下來，這些影響因素可能為來自方法學的問題，或

9　這個範例是取自Orcher, L. T. (2014). *Conducting research: Social and behavioral science methods* (2nd ed., p. 72). Glendale, CA: Pyrczak Publishing.

者是研究者所做的一些決策想法。

第七章活動

說明：找一篇使用質性研究的原創性論文，最好是能與你正在回顧的主題有關，然後請回答下列問題。為了學習的目的，老師可能會指定一篇文章給班上的所有同學閱讀，這個活動亦可以用小組的方式進行。

1. 你所找到的這篇論文有哪些特徵，讓你認為它是質性研究？

2. 這個研究是由個人還是研究團隊所執行的？

3. 研究結果的初步分析是由個人獨立完成，抑或是有多於一位研究者共同完成的呢？

4. 是否有諮詢外部專家做同儕評閱或審核？如果有的話，這是否能提高你對研究結果效度的信心？

5. 研究者是否有運用成員檢核？如果有的話，這是否能提高你對研究結果效度的信心？

6. 文章是否有清楚說明使用的是立意樣本或便利樣本？請說明。

7. 研究者是否有充分地說明參與者人口統計資料的細節？請說明。

8. 研究者是否有使用特定的質性資料分析方法（例如：共識質性分析法）？他是否有充分地描述細節？請說明。

9. 研究者是否有提供足夠的特定量化資訊於研究結果中？請說明。

10. 除了上述問題1至9的回答之外，請簡述此研究裡任何其他重大的缺失。

筆記整理法：歸類你的分析結果

前面幾章的準則，可以協助你選擇一項研究主題、確認文獻，以及針對你列表中的文章進行初步分析。對於你考慮要回顧的那些文獻，透過表格的方式摘要各篇重點，能夠有效地幫助你建立整體的概念。此外，你也可能會想要在你的文獻回顧中，放入一、兩張或更多張你所製作的表格，這能讓讀者對你的文獻回顧也有一個綜觀。

準則1：可考慮製作一張重要名詞定義表

你所準備探討的每一個變項，都應該在你文獻回顧的一開始就要加以界定。在兩種情況下，製作一張定義表能夠協助你和你的讀者。第一，當關聯性密切的變項有其各自不同的定義時，製作像是範例8.1.1所示的定義表，將可以很容易地瀏覽各個定義，而能夠了解定義之間的相同與相異之處。

其次，如果某一變項有不同的定義時，整理一張定義表也會很有用。你可以考慮依照年代排序，用以了解隨著時間推移，變項的界定是否有時代演變的趨勢。範例8.1.2用虛構項目展示這類表格的組織方式。

範例8.1.1[1]

有關重要名詞定義的第一張表格

與吸菸控制主動性有關的心理賦權（psychological empowerment）定義

範疇	特質	定義
個人內的（intrapersonal）	特定範疇效能感（domain-specific efficacy）	與吸菸控制有關所產生必要的行動改變上，個人在組織並且執行這項行動方針的能力信念。
	知覺社會政治控制（perceived sociopolitical control）	在社會與政治系統中，個人對於自身能力與效能的信念。
	參與能力（participatory competence）	對於團體與組織的運作，個人知覺能夠參與並且貢獻的能力，像是透過會議發言、以團隊成員身分任事或是其他。
互動的（interactional）	資源知識（knowledge of resources）	知道是否有支持團體的資源以及如何取得這些資源。
	堅定自信（assertiveness）	在不違反他人的個人權利下，有能力直接地、坦白地、誠實地表達個人感受、意見、信念以及需求。
	支持倡議（advocacy）	尋求有影響力的結果，包括在政治上、經濟上，以及社會系統與機構中，與直接影響民眾生活有關的公眾政策與資源分配決策。

---

[1] 經許可轉載：Holden, D. J., Evans, W. D., Hinnant, L. W., & Messeri, P. (2005). Modeling psychological empowerment among youth involved in local tobacco control efforts. *Health Education & Behavior, 32*, 264-278.

範例8.1.2

有關重要名詞定義的第二張表格

不同年代對兒童虐待的定義（1945到2016）

作者	定義	備註
Doe (1945)	界定為……	第一個被發表的定義。並未包含心理虐待（psychological abuse）
Smith (1952)	界定為……	
Jones (1966)	界定為……	首先提及性虐待（sexual abuse）的定義
Lock (1978)	界定為……	
Black & Clark (1989)	界定為……	
Solis (2000)	界定為……	德州的法律界定
Ty (2003)	界定為……	近期文獻最廣為引用的定義
Bart (2016)	界定為……	

準則2：可考慮製作一張研究方法表

　　由於不同的研究方法可能會使得研究有不同的結果，所以針對各個研究所採用的研究方法，整理出一張表是很有幫助的，如範例8.2.1中呈現的表格。這張表說明了實驗所採用的方式（回顧第六章的準則2與準則3，了解不同實驗之間的不同描述方式），同時也建議包含欄項目，說明每個研究是採用何種實驗設計，例如：隨機控制組設計（randomized control group design）等。

範例8.2.1[2]

研究方法表

初步研究特徵（研究方法）

實驗設計	Preyde (2010)	Galvan (2015)
便利樣本	修課大學生	修課大學生
便利樣本	幼兒園班級	小學一年級班級
隨機選取	父母	父母
未說明	家長教師會成員	郵遞區號範圍內的家庭

準則3：考慮在研究方法表中加入研究結果摘要

在研究方法表中也可以加入結果的摘要（見準則2），只要在表中加入一欄或一列。這邊提供另一種與範例8.2.1不同的方法，也就是不把作者名橫向放置在欄位的頂端，而是垂直羅列在第一欄中，就如同範例8.3.1所示，這個例子簡要地節錄各個相關研究的結果。

留意範例8.3.1中這些研究結果的整理，主要是用陳述的方式描寫，而不是以統計量說明。一般來說，這是呈現結果摘要的最好方式。若想要呈現統計量也並非不行，不過，建議要直接、清楚而且能夠在不同的研究中相互比較的統計量。舉例來說，如果有五個估計高中生使用吸入劑（像是強力膠、有機溶劑）頻率的研究，並且都是以比例來呈現結果，那在結

2　大致是基於Dryden, T., Baskwil, A., & Preyde, M. (2004). Massage therapy for the orthopaedic patient: A review. *Orthopaedic Nursing, 23*, 327-332.

果摘要中納入比例的數值就會是適合的做法。另一方面來說，如果不同研究針對同一主題所報告的統計量彼此不同時，就不太建議呈現這些統計量，因為無法藉由它們直接進行研究之間的比較（例如：一個研究呈現百分比、一個是呈現平均數和中位數、另一個是呈現次數分配等）。這是很重要的，因為讀者在瀏覽表格行列訊息時，應該要能夠留意到研究之間的差異，如果在同一欄中還要檢視和比較不同的統計量，這會讓人覺得很困擾。

範例8.3.1[3]

研究結果摘要

宗教信仰與青少年性行為關聯性之縱貫研究

出版年、作者	地區、年份、社經地位、樣本數	年齡或年級、性別、種族	宗教虔誠測量	性行為測量	宗教對性行為的影響
(1975) Jessor & Jessor	洛磯山脈地區的小城市，1969到1971，中產階級；$N=424$	高中；M與F；白人	虔誠度；教會活動參與	在時間1時是否有過性行為	在時間1與時間2之間有首次性經驗的高中女生，有較低的虔誠度與較少參與教會活動。
(1983) Jessor, Costa, Jessor, & Donovan	洛磯山脈，1969到1972及1979；$N=346$ 處子	1969年七、八、九年級；M與F；白人	教會活動參與；虔誠度[a]	首次發生性行為年紀	虔誠與較常參與教會活動能預測隨後的首次性行為發生時間。

（待續）

---

[3]　經許可轉載：Rostosky, S. S., Wilcox, B. L., Wright, M. L. C., & Randall, B. A. (2004). The impact of religiosity on adolescent sexual behavior: A review of the evidence. *Journal of Adolescent Research, 19*, 677-697.

範例8.3.1（續）

研究結果摘要

出版年、作者	地區、年份、社經地位、樣本數	年齡或年級、性別、種族	宗教虔誠測量	性行為測量	宗教對性行為的影響
(1991) Beck, Cole, & Hammond[b]	美國，1979、1983；N = 2072	14到17歲；M與F；1979白人處子	青少年與家長的宗教歸屬（天主教、浸信會、主流新教、獨立教派、基本教義派）	性經驗（是或否）	相較於主流新教（如：聖公會、路德教、循道宗），獨立教派（如：五旬宗、摩門、耶和華見證人）的白人青少年男女較少在1979至1983年間發生首次性行為。即使控制了活動參與，相較於主流新教者，浸信會女性與基本教義派男性仍有較低的首次性行為。
(1996) Crockett, Bingham, Chopack, & Vicary	美國東部單一鄉村學區；1985，低社經地位；N = 289	七年級到九年級；M與F；白人	活動參與	首次發生性行為年紀	女性（男性不會）越常參與教會活動，首次性行為年齡會較大（大於17歲）。
(1996) Mott, Fondell, Hu, Kowaleski-Jones, & Menaghan[c]	美國，1988、1990及1992；N = 451	在1992年至少滿14歲；M與F；白人（黑人與西裔增加少數抽樣）	活動參與；朋友是否也參加同一教會？	過早開始首次性行為（以14歲為過早切分點）	經常參與教會活動者，若同儕也參與同一個教會，在14歲時會有性行為的可能性較低。
(1996) Pleck, Sonenstein, Ku, & Burbridge[d]	美國，1988（階段一，N = 1880）1990到1991（階段二；N = 1676）	在1988年15到19歲；男性；37%黑人、21%西裔；3%其他	宗教重要性；教會活動參與頻率	在過去12月未使用保險套的性行為次數	在青少年中期較常參加教會活動的男性，在他的青少年晚期時，從事無防護性行為的頻率（相較於估計水準）會下降。
(1997) Miller, Norton, Curtis, Hill, Schvaneveldt, & Young[e]	美國，1976、1981及1987；N = 759	在1976年7到11歲；M與F；白人與黑人	活動參與（父母評量）；對於參與活動的態度	首次性行為年齡（於階段三時回溯報告）	對於參與宗教服務活動抱持正向態度的女生，首次性行為的時間較晚。
(1999) Nearman & Bruckner[f]	美國，1994到1996；N = 5070	七年級到十二年級；女性；白人、黑人、亞裔、西裔	宗教歸屬	首次性行為（是或否）；首次性行為年齡；懷孕風險（是或否）	除了年齡對首次性行為的效果外，相較於主流新教，保守新教和天主教較少會在時間點一與時間點二之間發生首次性行為。

（待續）

範例8.3.1（續）

研究結果摘要

出版年、作者	地區、年份、社經地位、樣本數	年齡或年級、性別、種族	宗教虔誠測量	性行為測量	宗教對性行為的影響
（1999）Whitbek, Yoder, Hoyt, & Conger	美國中西部，1989到1993，鄉村；$N =$ 457	八年級到十年級；M與F；白人	綜合測量；活動參與、重要性（母親與青少年）	性經驗（是或否）	母親的虔誠性會減低青少年在九年級到十年級首次性行為可能性，青少年的虔誠性對首次性行為有高度負相關。
（2001）Bearman & Bruckner	美國，1994到1995（階段一）、1996（階段二）；$N =$ 14787	七年級到十二年級；M與F；白人、西裔、亞裔、黑人	活動參與、知覺重要性、以及禱告頻率的綜合測量	首次性行為年齡；首次性行為時使用避孕工具（是或否）；貞潔誓約者（是或否）	白人、亞裔以及西裔青少年少女虔誠性越高，發生首次性行為的機率越低。在黑人青少年，虔誠性與首次性行為風險之間無關。虔誠性會延後青少年中期與晚期的首次性行為，但不是早期（這項分析僅使用非黑人樣本）。虔誠性與首次性行為使用避孕工具之間無關。

註：M = 男性；F = 女性。

a. 此篇文章並未說明宗教虔誠的測量。

b. 資料來自國家青年長期追蹤調查（National Longitudinal Survey of Youth, NLSY）。

c. 資料來自國家青年長期追蹤調查（National Longitudinal Survey of Youth, NLSY）。

d. 資料來自國家少男調查（National Survey of Adolescent Males, NSAM）。

e. 資料來自國家兒童調查（National Survey of Children, NSC）三個階段調查資料。

f. 資料來自國家青少年健康長期追蹤調查（National Longitudinal Study of Adolescent Health, Add Health）第一階段與第二階段調查資料。

準則4：當某主題有許多文獻時，建立判斷標準決定哪些文獻要整理到表格之中

如果文獻回顧要加入摘要表，在該表格中不太需要納入某項回顧主題的所有研究。然而，如果只有採納某些研究，那麼你應該要說明決定是否

要納入某篇研究所使用的判斷標準。範例8.4.1與8.4.2列舉一些能讓讀者了解這些標準的範例說明。

範例8.4.1

表中收錄標準的說明（例如：僅採真實驗設計）

表1整理研究參與者的特徵、使用的研究處置，以及結果的測量。這張表僅包括採用真實驗設計的研究（即研究參與者是隨機分派到實驗組與控制組的實驗）。

範例8.4.2

表中收錄標準的說明（例如：僅採近期調查研究）

表2整理在這項主題上，五篇新近調查研究的研究方法與結果，由於文獻指出對這項議題的輿論是會隨著時間而改變，所以最為新近的調查研究，比較能夠在這項議題上提供當前輿論的最佳指標。

準則5：當某主題包含很多文獻時，考慮製作兩張或更多的表格整理

即使建立出一張表格，也充分說明了表格的文獻採納標準（請見準則4），表格中仍有可能還是涵蓋過多的研究。當這樣的情形發生時，可以將所回顧的文獻區分為不同的群組，並且考慮為這些不同群組的研究，分別製作出不同的表格。舉例來說，一張表格可以整理某項主題的相關理論，另一張表格整理這項主題的量化研究結果，而第三張表格則可以整理質性研究結果。

準則6：只有複雜的材料才會需要在文獻回顧中以表格呈現

　　在統整文獻的早期階段，為了要掌握所回顧的文獻，你可以盡量將資料整理於表格中，不需要去限制所製作的表格數量。然而對於你在文獻回顧中要加入的表格，便應該只有包含那些僅用文字描述是無法讓讀者理解的複雜訊息，換句話說，也就是那些在文獻回顧的文字描述中，可能會讓讀者不容易理解的事項。

　　因此寫作時要留意，文獻回顧不應該是一堆表格的集合體。文獻回顧的主體還是敘述文，重點在於摘要、統合與論述那些跟研究主題有關的文章，所以應該只包含少量的表格，並且這些表格要能夠協助讀者理解文章中所採用的複雜文獻材料。

準則7：文獻回顧中的每張表格都要附上討論說明

　　在文獻回顧中的所有表格，都應該要在文章內用文字說明並且討論。範例8.7.1大致說明這該如何做。

範例8.7.1

某篇文章文獻回顧中對某張表的討論

　　表1整理五篇採用貝氏憂鬱量表（Beck Depression Inventory）作為結果測量，並且探討認知／行為治療有效性的研究。整體來說，樣本數都很少，從$n = 4$到$n = 16$。儘管有這項限制，研究結果顯示使用認知／行為治療仍是有效的方法，所有被治療組（也就是實驗組）相較於控制組，在統計上均能顯著地減低憂鬱情形。

雖然你必須要討論每張表格的內容，不過你不用描述表格中每一項的組成。舉例來說，範例8.7.1討論包含五篇研究的表格，但對研究樣本數的說明僅以兩篇研究數據（n＝4與n＝16）作為代表。

準則8：將每張表編號並用描述性標題命名

所有的表都應該要有編號（例如：表1、表2等）也應該要有個具說明性的標題（即說明文字）。你會發現在這個章節中的所有表格，都有編號和標題。也查找一下你所屬學門的格式手冊，對於你可能會納入稿件中的表格，在格式上有什麼要求。

雖然有關於如何使用文書處理軟體建立表格的各項步驟，並不是本書的重點，不過像是Word這樣的文書處理軟體，只要多試幾次，要學會如何調整表格並不困難。

準則9：當表格被切分至不同頁面時，須插入「續」（continued）

最好是能將每一張表格維持在一頁之內完整呈現，但並非每次都能如此剛好，當表格過大而必須切割於不同頁面呈現時，要在表格底端插入「（待續）」（continued），讓讀者知道要翻頁並且繼續閱讀表格。請留意，這個安插的文字是要用括號呈現。相對的，在另一頁開始表格的下個部分時，在頁面上方要重複表格編號並附加「（續）」（continued）。

第八章活動

說明：假定你已經閱讀了許多文章，而你在文獻回顧中也已評估、統整了這些文章。請根據你在文獻初步閱讀可以做到的程度，回答以下問題。

1. 用你所讀的文章列出一張定義清單。你是否已經找出足夠數量的定義，讓你可以製作出一張定義表？請說明。

2. 基於你所閱讀的文章，你會準備建立研究方法的表格嗎？表中是否將會包括用來整理研究結果的欄位呢？

3. 你會用什麼樣的標準，來區辨你所閱讀的文章呢？如果你正在建立一張研究方法的表格，這些標準對你建立這樣的表格是否有用呢？請說明。

4. 你會想要在你的文獻回顧中加入不只一張的表格嗎？請說明。

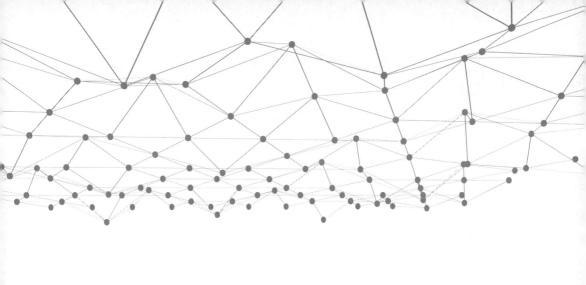

◆第三部分

撰寫文獻回顧的第一版草稿

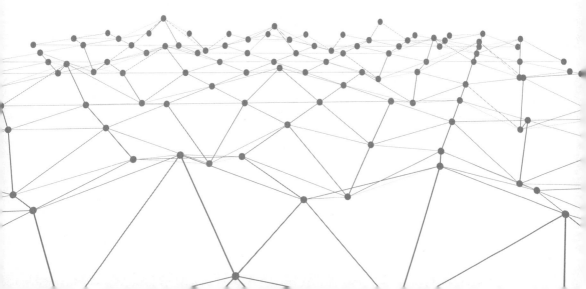

準備撰寫：整合寫作方向和模式

此時，你應該已經閱讀並分析了許多研究論文，並且將筆記詳細地整理好，也可能已經完成了第八章中建議的表格。你現在應該開始將這些筆記和表格資料整合成為你的文獻回顧，換句話說，你已經可以準備開始「撰寫」文獻回顧。本章節會幫助你制定詳細的寫作大綱，節省你進行寫作的寶貴時間和精力。

準則1：開始寫作之前要考慮自己的目的和觀點

首先，你要反問自己撰寫文獻回顧的目的為何。你是在試圖說服你的教授，展現你已經為學期課程報告付出了足夠的努力嗎？你是嘗試在碩士論文或博士論文中，證明你對研究領域的知識掌握度嗎？還是你的目的是想要建立一篇研究論文的背景脈絡，並希望可以被發表在期刊上呢？以上這些相異的情況，將導致最終產出的文獻回顧也有所不同。而不同類型的文獻回顧，除了是來自作者的寫作目的差異之外，讀者對於文章的期待也會造成影響，請複習第一章所介紹的三種文獻回顧之內涵。

在你確定寫作目的並考慮過讀者的期望之後，請為你的文章選擇合適的觀點（或稱寫作風格）。作者在文獻回顧中的觀點應該是正式的，因為這是學術文章所期望的。在傳統上，科學寫作不會強調作者的自我主張，

以便讓讀者將注意力放在文章呈現的證據之上。範例9.1.1中，即顯示作者過於強調自己觀察到的事情，這樣會使讀者從陳述的內容中分心，相較之下，範例9.1.2是較恰當的寫法，因為其將關注點放在證據本身。

範例9.1.1[1]

學術寫作中不恰當的主張

　　在這篇回顧中，我將展示群體對於許多重要的日常活動是不可或缺的，且具有提高績效和生產力的潛力。但是，我認為這種潛力很難能夠被充分發揮。我在文獻中觀察到一個有充分證據的群體限制是，與單獨工作相比，個體在集體工作時會傾向付出較少的努力，這種現象被稱為社會閒散（social loafing）（Latané, Williams & Harkins, 1979）。

範例9.1.2[2]

適合學術寫作的觀點寫法

　　在許多重要的生活活動中，群體往往是不可或缺的，並且具有提高績效和生產力的潛力。但是，這種潛力很少能夠充分發揮。一個有充分證據證明的群體限制是，與單獨工作相比，個體在集體工作時會傾向付出較少的努力，這種現象被稱為社會閒散（social loafing）（Latané, Williams & Harkins, 1979）。

---

[1]　這是一個根據範例9.1.2的假設例子。

[2]　Smart, D. L. & Karau, S. J. (2011). Protestant work ethic moderates social loafing. Group Dynamics: Theory, *Research, and Practice, 15*, 267-274.

　　請注意，學術文章的作者傾向避免使用第一人稱，他們會運用統計資料以及理論本身來做說明。並不是說永遠不要使用第一人稱來撰寫，只是在傳統上學術文章的作者會相當謹慎與保守地採這樣的用法。

準則2：思考如何重新整理筆記

　　當你已經確定了撰寫文獻回顧的目的，也知道了讀者的期待以及自己的觀點，現在應該開始再次評估你的筆記內容，以確定你記錄的那些材料要如何重新整合。首先，你應該知道在撰寫文獻回顧時，僅呈現一系列註解式段落是不會被接受的。從本質上來說，這就像你應該在描述整片森林時，卻只單獨說明了各棵樹的特徵。撰寫文獻回顧時，想像你正在建立一座獨特的新森林，你必須使用你在閱讀的文獻中找到的樹木來組成這座森林。因此，要想從頭撰寫一篇文獻回顧，你應該在準備主題大綱時，思考各部分之間的關聯，下一條準則將會進行詳細的說明。

準則3：根據你的論點建立主題大綱

　　與任何其他類型的論文一樣，文獻回顧首先應該為讀者說明你將遵循的論點，這可以用主張（assertion）、論點（contentation）或命題（proposition）的形式來陳述。然後，你應該發展一個可追查來源的敘述，以證明此論點是值得花費時間討論並且是有道理的。這也代表了你應該根據正在閱讀的文獻進行分析和整合，來形成對研究主題的看法。

　　主題大綱應該被設計成為論點的藍圖，如範例9.3.1所示。注意此大綱先說明了網路霸凌的實際案例，然後討論了過去傳統霸凌的定義。除了

將傳統的霸凌與網路霸凌比較討論之外，作者還補充了其他學者對網路霸凌的定義，最後將他們的研究聚焦於大學生。

　　由於本章將陸續在不同地方引用以下大綱，因此請花一點時間仔細閱讀。你也可以在此頁放一個標籤或書籤，以供你在後續要查看此大綱時方便翻閱。

範例9.3.1[3]

主題大綱範本

主題：在數位時代，霸凌行為發生了怎樣的變化？

I. 前言

　　A. 介紹網路霸凌的主題。

　　B. 列舉現實生活中的案例。

II. 名詞定義

　　A. 傳統霸凌和網路霸凌的不同定義。

　　B. 補充各個學者對網路霸凌的定義。

　　C. 說明網路霸凌的不同形式／類型（例如：騷擾、跟蹤、洩密等）。

III. 回顧以前對於網路霸凌率的研究

　　A. 根據報告，比率變化很大──範圍很廣，最低至4.8%，最高至55.3%。

　　B. 公立學校族群研究。

　　　1. 國中學生。

---

[3] 這份大綱是基於這篇研究：Schenk, A.M. & Fremouw, W. J. (2012). Prevalence, psychological impact, and coping of cyberbully victims among college students. *Journal of School Violence, 11*, 21-37.

　　2. 國中／高中學生。

C. 大學族群研究──相對較少的研究可用。

D. 研究工作場所族群研究。

E. 有關網路霸凌率研究的回顧。

IV. 網路霸凌對受害者的影響

A. 網路霸凌的情緒衝擊。

B. 行為後果。

C. 臨床症狀。

D. 自殺行為。

E. 其他。

V. 受害者被網路霸凌後如何應對

A. 說明過往曾提及的應對策略。

B. 說明針對應對策略的人口群體研究。

VI. 本研究將針對大學生

A. 簡述文獻回顧的內容。

B. 本文的目的是為了增加對於此族群受網路霸凌的影響之理解。

C. 增加有關大學生網路霸凌率的其他數據，並比較性別差異。

準則4：根據論點的方向重新整理筆記

　　現在你手中應該要有一份關於你研究主題的主題大綱，這個主題大綱是根據範例9.3.1而建立的，不論是數位或者紙本形式皆可。上一條準

則中提到的主題大綱，說明了作者論證的方向，下一步你便應該根據大綱重新整理筆記。首先在大綱的表格中多添加一個欄位，此欄位你可以備註與大綱中各個項目有關的參考文獻。以範例9.3.1的內容為例，在你的筆記中，於說明網路霸凌實際案例的筆記旁邊輸入「I」，在提到網路霸凌的定義、形式或類型的筆記旁邊輸入「II」的符號，在霸凌率的統計數據報告筆記旁輸入「III」，「IV」則是標註在霸凌對受害者之影響的筆記上。然後，你再回到主題大綱，並分別輸入針對特定議題的參考文獻。例如，在主題大綱II「定義」的右邊，寫下有關網路霸凌定義的參考文獻之作者姓名。

準則5：在主題大綱中，注意每個項目子標題裡不同研究之間的差異

下一個步驟是在你的主題大綱上註記各篇研究文章內容的差異，你可能會需要考慮是否要根據這些差異，將不同的研究文章以子主題再次歸類。例如，範例9.3.1所引用的文章，也能用其他分類法來說明霸凌行為，像範例9.5.1所示，可以將霸凌區分成兩個主要的部分：「直接」以及「間接」，提供了另一種討論學者如何定義網路霸凌的方式。

範例9.5.1

範例9.3.1中第II點的另一種討論方式

1. 直接霸凌的案例

　　a. 騷擾

　　b. 跟蹤

---

c. 其他（例如，威脅、惡作劇、身體傷害）

2. 間接霸凌的例子

　　a. 網路霸凌

　　　(1) 網路論戰、騷擾、誹謗抹黑

　　　(2) 假裝（冒牌者）

　　　(3) 洩密（例如，謠言、私人資訊）

　　　(4) 網路跟蹤

　　b. 其他（例如口耳相傳的謠言）

　　你可能還需要考慮去評論不同研究的結果一致性。例如，範例9.3.1在針對每個群體霸凌率的說明中，學者們的研究結果各有差異。當你討論此類差異時，請提供研究的相關資訊，以幫助你的讀者了解對於這些差異的可能解釋。是否因為前三篇文章較舊，而後一篇是較新的？前三篇是否使用了不同的方法來蒐集數據（例如：一項研究中的統計數據是根據學校的紀錄，而不是使用問卷調查蒐集的數據）？在撰寫文獻回顧時，注意諸如此類的差異，可以幫助你突顯重要的討論議題。

準則6：針對主題大綱內的每個項目子標題，尋找明顯的研究缺口或需進一步探討的部分

　　在根據範例9.3.1主題大綱進行的回顧中，作者指出，儘管針對學齡兒童進行了許多跨文化研究，不過針對大學生的研究卻只有兩項。因此，幼兒研究得出的任何結論可能不適用於年齡較大的群體。這就是目前研究中可能將成為研究重點的部分。

準則7：規劃簡要地說明相關理論

在第一章，我們討論了理論性文獻的重要性。你應該規劃簡要地說明與文獻回顧主題相關的每個理論。範例9.7.1藉由物化理論的說明呈現本條準則的運用，作者首先摘要原始理論的內容，然後整理了支持該理論的研究。最後指出，這個理論還未經過男性樣本的檢驗。

範例9.7.1[4]

相關理論的定義

物化理論（objectification theory）（Fredrickson & Roberts, 1997）最初是根據女性的經驗提出的，認為物化女性身體的想法隨處可見且可以被內化（internalization）。具文化標準的吸引力之內化，是因為透過不斷接觸社會化訊息而導致人們對這些訊息的服從和認同。這種內化會促進觀察者採用自我物化的觀點（self-objectification）在自己的身體上，其會表現出持續的身體監控（body surveillance）。身體監控包括習慣性監控和根據內化的吸引力標準檢視自己的身體，並且將檢視的重點著重於身體的外觀而不是身體的感受或者機能。身體監控會造成因為身體未滿足吸引力的文化標準（通常無法達到），而感到身體羞恥（body shame）。

過去的研究曾用橫斷性以及縱貫性資料，支持了這三個物化理論變項之間的關係模型，也就是內化對於身體監控以及身體羞恥皆有正相關，而身體監控也

---

4 Parent, M. C. & Moradi, B. (2011). His biceps become him: A test of objectification theory's application to drive for muscularity and propensity for steroid use in college men. *Journal of Counseling Psychology, 58*, 246-256.

與身體羞恥有正相關。內化以及身體監控會與結果有著獨特的加成關係，而身體羞恥常會中介物化理論變項與結果變項之間的關係（相關回顧請參見Moradi & Huang, 2008）。這種關係被認為是不健康的努力，也就是為了符合內在理想而改變外貌的努力，其可能包括過度節食和運動、飲食失調以及改變身體狀況的手術或吸毒。大量文獻已經對該理論進行檢驗，並將其應用到不同種族以及族群背景的女性中，且該模型的各面向也在針對男性的新興研究中得到支持（Moradi & Huang, 2008）。但是，仍然需要評估此模型對於男性身體形象的適用性。

準則8：規劃討論單一研究與理論的連結，以及對理論的幫助

　　你應該思考通常範圍相對狹隘的個人研究如何幫助定義、說明或者推進理論概念。研究者大多會在研究論文中指出他們的研究與理論之間的關係，這可以幫助你思考此問題。例如，在主題大綱中，你可以註明文獻回顧內是否會討論到一個或多個理論，探討這些理論可以向你的讀者展示建立一個完善理論模型的必要性。

　　如果你的領域中存在相互競爭的理論，請規劃去討論你所閱讀的文獻對於每個理論的支持程度，同時請記住，研究結果與理論預測之間的不一致，可能是由於研究中使用的理論模型或研究方法不完善所造成的。

準則9：定期在文獻回顧內與結尾處提供小結

分階段為你在文獻回顧中得到的推論、概述或結論提供小結，將會對文獻回顧的結構很有幫助。例如，範例9.3.1的大綱中，呈現這篇文獻回顧需要於兩處提供小結（也就是在III.E中，對於網路霸凌率的各種結果，以及在VI.A中，對於文獻回顧進行小結）。文獻回顧中篇幅長且複雜的議題，便應該要有獨自的小結。這些小結可以幫助讀者理解作者的方向，並且讓讀者喘口氣、思考以及內化這些困難的文獻資料。

如前所述，範例9.3.1中最後一個主要議題（議題VI）開始進行之前，先為議題的所有資料做小結。對於一篇較長的文獻回顧，我們通常會在最後一部分提供一段重點小結，這也讓讀者明白在該文獻回顧中，什麼是作者認為的回顧重點，並且奠定作者接下來要討論的結論以及可能產生的影響之基礎。不過如果是寫一篇很短的文獻回顧，可能便不需要下小結。

準則10：規劃提出結論和研究意涵

請留意，結論是指你對於所回顧主題之現有知識的觀點。範例9.10.1展示了一段結論，在這個例子中，作者並沒有說結論已經得到證明。作者寫作時，應該要避免直接肯定或否定該結論，而是僅根據證據可以證明的程度進行討論（例如：「這看起來可以總結為……」、「一個結論可能是……」、「有確切的證據表明……」或「這個證據非常地支持……的結論。」）。

範例9.10.1

結論陳述

　　根據對器官捐贈態度的文化差異研究，**似乎可以得到**文化群體對器官捐贈的態度有很大差異的結論，有效的介入策略需要考慮到這些差異。具體來說……

　　如果某個主題的證據顯然不能使某種結論勝於另一種結論，最好如範例9.10.2的說明來撰寫。

範例9.10.2

無法得出結論的陳述

　　儘管大多數研究表明方法A是更好的，但一些在方法論上很強的研究指出方法B的優點。在沒有其他證據的情況下，**很難得出結論**……

　　研究意涵（implication）通常是說明受到該研究的啟發，個人或組織應該做什麼。換句話說，作者應該根據研究回顧來建議哪些具體行動看似是可行的，因此通常會在主題大綱的末尾包含「研究意涵」這個標題。研究意涵的陳述如範例9.10.3，它說明特定的介入措施可以有效地用於特定族群。

範例9.10.3

研究意涵陳述

　　本文所回顧的證據表明，與亞裔美國人一起工作時，介入A似乎最有希望會增加群體的器官捐贈數量。

一開始，一些新手作者認爲他們應該僅說明已經發表研究的「事實」，而不應試圖提出自己的結論或推測相關意涵。但是請記住，一個仔細閱讀完某個主題相關文獻的人，實際上已經成爲該領域的專家。對於徵詢該主題相關的知識（即結論），以及我們應該做些什麼更有效的行動（即研究意涵），我們除了向該領域具有最新研究知識的專家尋求建議之外，還能找誰呢？因此，由你來表達對某個主題的研究了解，以及其所帶來的研究意涵會是合適的。

準則11：規劃在回顧的結尾，提出未來研究具體方向的建議

當你開始思考未來研究建議的內容時，請記住，僅僅建議「將來需要更多的研究」是不夠的，你應該提出更爲具體的建議。舉例來說，如果所有（或者幾乎所有）研究者都使用了自評問卷，則你可能可以建議使用其他的資料蒐集方式來進行未來的研究，例如：直接觀察身體行爲，或者檢驗由合作機構保存的數據。如果有像是美國原住民等這類未有充分研究資料的群體，你可以呼籲對其進行更多的研究。如果幾乎所有研究都是量化研究，則你可以建議進行其他質性研究。研究的可能性幾乎是永無止境的，也因此你的任務是在你所回顧的領域中，提供有潛力提升未來研究發展的知識建議。

範例9.11.1[5]

未來研究建議

　　雖然此文獻回顧強調了期望在進行中的關係裡之作用，但期望在關係建立的初期階段似乎也很重要。舉例來說，Oettingen以及Mayer（2002）發現，對於建立關係的期待，其會正向地預測關係建立的追求度與發生率。除此之外，對拒絕的預期往往會減少對於建立關係的嘗試（Vorauer & Ratner, 1996）。另外，關於配偶偏好的理論同樣表明，人們會尋找有望在未來繁衍以及獲得資源的伴侶（Buss, 1989；Fletcher, Simpson, Thomas & Giles, 1999），這再次說明期望在追求關係中是重要的。未來的研究應該檢驗期望影響關係形成的機制，以及期望特徵和內容的影響。

準則12：利用分析的細節充實你的大綱內容

　　開始撰寫初稿前的最後一步，是回顧你所建立的主題大綱，並根據研究文獻分析得出的具體細節加以充實主題大綱。當你在擴展大綱內容時，盡你最大的努力，涵蓋足夠多的細節，以便能夠清楚地撰寫研究。請確保有注意到各個研究的優點和缺點、文獻中出現的研究缺口、變項間關係、以及主要趨勢或者模式。因此在此步驟的最後，你的大綱應該會有好幾頁長，並且你將會準備好可以開始撰寫初稿。

---

[5]　Lemay, E. P. Jr. & Venaglia, R. B. (2016). Relationship expectations and relationship quality. *Review of General Psychology, 20*, 1, 57-70.

　　範例9.12.1以更多細節充實範例9.3.1主題大綱中的其中一個項目，這邊以II.B.部分作為例子。我們可以注意到，範例9.12.1中的部分參考文獻會同時出現在多處。舉例來說，Privitera與Campbell於2009年的報告會在重複組成（repetition component）以及權力差異（power differentials）的討論中被引用，因為這兩個議題都有涉及此文章的內容。你應該避免你的文獻回顧變成一系列文章摘要的串聯，只將所閱讀的文獻節錄於文內某個段落，而未再次於討論中提出。其實只要文獻能夠支持你的論述，每篇文獻都可以重複引用於你的回顧中。

範例9.12.1

節錄一部分充實的大綱

II. 名詞定義

　　B. 充實學者對網路霸凌的定義

　　　1. 為一種「心理虐待的形式」（Mason, 2008）。

　　　2. 有或沒有重複組成（Privitera & Campbell, 2009；Raskauskas & Stoltz, 2007；Slonje & Smith, 2008）。

　　　3. 包含犯罪者和受害者之間的權力差異（Hinduja & Patchin, 2007；Mason, 2008；PriviteraCa & mpbell, 2009）。

　　　4. 權力不平等標準的差異——體力、體態、年齡、能力（Vandebosch & Van Cleemput, 2008）。

第九章活動

說明：請根據授課老師指派的文獻回顧論文，回答以下問題。

1. 這些文章都是期刊文章，根據文章的潛在讀者，作者是否有使用適當的學術寫作觀點？請說明為什麼有，或者為什麼沒有。

2. 作者的論點是否有合理地從一個主題轉移到另一個主題？請說明。

3. 作者是否有指出需要進一步研究的部分？請說明。

4. 文章是否有助於定義、說明和／或推進理論？如果有的話，請說明。如果沒有，你認為為什麼他們沒有這麼做？

5. 文章中是否有包含議題段落的小結？或者在結論中是否有總結呢？請說明。

6. 作者是否明確地說明和討論了結論以及研究意涵呢？請說明。

第一版草稿的撰寫準則

　　到目前為止，你已經在資料庫中搜尋完與你文獻回顧主題相關的文獻，並對文獻特定內容做好妥善的筆記註釋，也分析了這些內容找出特定的模式、研究之間的關係、文獻內容中的研究缺口，以及特定研究的優缺點。然後，在第九章中，你也重新整理了筆記、建立詳細寫作大綱為撰寫文獻回顧做好妥善的準備。

　　至此，你實際上已經完成寫作過程中最困難的步驟：分析與統整文獻，以及圖表化你的論點推導路徑。這些初步的階段，構成了文獻回顧的知識基礎，剩下的草擬、編輯、再重新撰寫的步驟，會需要你將前述努力的成果轉譯成文字描述，用以說明你所發現到的事情。

　　本章中的準則將幫助你編寫文獻回顧的第一版草稿。第十一章中的準則會幫助你撰寫出一篇前後連貫的文章，並且避免產生一連串的註腳，同時也說明有關寫作格式、技巧以及語言使用的其他標準。在這邊，就讓我們先開始著手撰寫第一版草稿。

準則1：一開始要界定較廣的問題範圍，但是要避免過於空泛的陳述

　　在一般的情況下，文獻回顧的前言（introduction）會先界定出涵蓋準備要回顧的文獻之較為廣泛的問題領域。這裡的經驗法則是，「從一般

（general）走向特定（specific）」。然而，我們仍然要限制開始時的廣泛程度。以下可以參考範例10.1.1，其作為對高等教育中某一議題的文獻回顧開端，可說是過於廣泛，這是由於它沒有確定任何特定的領域或主題。你應該避免用這種全域性的陳述來開啓你的文獻回顧。

範例10.1.1

未能指出特定領域或主題

　　高等教育對美國和世界其他地區的經濟而言都非常重要。若缺乏大學教育，學生會無法為千禧年將帶來的發展進步做好準備。

　　將範例10.1.1與範例10.1.2做對比，我們會發現範例10.1.2也涉及教育領域的主題，但很明確地連結即將要回顧的特定主題，即學校中的霸凌行為。

範例10.1.2[1]

連結要回顧的特定主題

　　在一整個學年中，有很高比例的學童都經歷過霸凌事件。被霸凌的學童報告了一系列的問題，包括焦慮和憂鬱（Nansel, Overpeck, Pilla, Ruan, Simons-Morton, & Scheidt, 2001）、低自尊（Egan & Perry, 1998）、學業成績下降（Ouvonen, Nishina, & Graham, 2000）以及曠課（Eisenberg, Neumark-Sztainer, &

---

[1] Hunt, C., Peters, L., & Rapee, R. M. (2012). Development of a measure of the experience of being bullied in youth. *Psychological Assessment, 24,* 156-165.

Perry, 2003），霸凌也可能是與自殺行為有關的重要壓力源（Klomek, Marrocco, Kleinman, Schonfeld, & Gould, 2007）。

準則2：在文獻回顧的前面幾段，要清楚指出爲什麼該主題是重要的

最好在文獻回顧的第一段，就指出爲什麼這個主題是重要的。範例10.2.1的作者有做到這一點，他指明了其主題是在處理一個嚴重的健康問題。

範例10.2.1[2]

在文獻回顧的開頭，就清楚指出研究主題的重要性

在所有的年齡群體中，維生素D不足的情況都在增加（Looker et al., 2008），最近的研究指出，缺乏維生素D是多種慢性疾病的危險因素，包括 I 型與 II 型糖尿病、骨質疏鬆症、心血管疾病、高血壓、代謝症候群以及癌症（Heaney, 2008; Holick, 2006）。

當然，並不是所有問題都像範例10.2.1具有普遍的重要性。然而文獻回顧的主題，至少應該對某些人是重要的，而這便應該要指出來。例如，

---

[2] Lukaszuk, J. M., Prawitz, A. D., Johnson, K. N., Umoren, J., & Bugno, T. J. (2012). Development of a noninvasive vitamin D screening tool. *Family & Consumer Sciences Research Journal, 40,* 229-240.

範例10.2.2指出因眾多研究普遍採用調整蘭德指數（adjusted Rand Index, ARI），所以該研究納入這項指標變異數作為研究的一部分。

範例10.2.2[3]

在文獻回顧的開頭，就指出研究主題的重要性

　　調整蘭德指數（ARI）是用來衡量選擇評估，決定將某部分的觀察歸類為某些群組的適合性（Hubert & Arabie, 1985）。介紹ARI的文章是發表在《分類雜誌》（*Journal of Classification*）中，有史以來被引用次數最多的文章，它一共被引用了2,756次。而Steinley（2004）隨後在《心理學方法》（*Psychological Methods*）發表的一篇討論ARI的論文，也是該雜誌被引用論文中的前10%，自2004年以來，一共被引用144次。在本篇論文中，我們納入ARI的變異數，為這30年前的舊方法提供一項關鍵成分。當加入變異數之後，我們執行資料模擬探索，以了解在推論上使用常態近似法的適合程度。

準則3：區分出研究發現和其他種類的訊息來源

　　如果你描述的觀點是來自於軼事紀錄或個人想法，而不是基於研究發現，那麼你需要說清楚來源的性質為何。例如，範例10.3.1中的三個陳述句包含一些關鍵詞，表明了材料是基於個人觀點（而非研究結果）——

---

[3]　Steinley D., Brusco, M. J., & Hubert, L. (2016). The variance of the adjusted Rand index. *Psychological Methods, 21,* 261-272.

「推測」（speculated）、「建議」（suggested）以及「個人經驗」（personal experience）。

範例10.3.1

在論述的一開始，表明以下內容是基於個人的觀點（而不是基於研究結果）

「Doe（2016）推測……」

「有人建議……（Smith, 2015）」

「Black（2014）講述了一段個人經歷，並指出……」

你可以將範例10.3.1中的陳述，與範例10.3.2中的陳述進行對比，後者是被用來在文獻回顧中，介紹哪些是基於研究的發現。

範例10.3.2

在論述的一開始，表明以下內容是基於研究結果

「在一項全州範圍的調查中，Jones（2016）發現（found）……」

「Hill（2012）在都市教室中所進行的研究指出（indicates）……」

「最近的研究結果指出……（Barnes, 2014; Hanks, 2015）」

如果某個主題的相關研究很少，你可能需要去回顧一些僅用觀點表達的文獻（沒有研究基礎）。在這種情況下，在文獻回顧中仔細討論文獻之前，你可以考慮做個一般性的陳述來說明這種情況。範例10.3.3中說明了這種技巧。

範例10.3.3

指出缺乏研究的陳述

　　這個資料庫包含了50多份文件、期刊論文，以及有關這個主題的專書。然而，這些都不是原始的研究論文。相反的，他們僅提供軼事的證據，像是有關接受過治療的個案資訊。

準則4：指出爲何某些研究特別重要

　　如果某項研究在研究方法上有其優勢，提及這些資訊並指出其重要性，如10.4.1所示。

範例10.4.1[4]

指出為何某項研究是重要的

（在這個案例中，重要之處為「全國性調查」和「隨機挑選」）

　　皮尤研究中心（The Pew Research Center, 2007）最近執行了一項全國性調查，隨機挑選2,020名成年人，結果發現21%在職母親偏好全職的工作，60%偏好兼職的工作，19%偏好不就業。

---

[4] Buehler, C., O'Brien, M., & Walls, J. K. (2011). Mothers' part-time employment: Child, parent, and family outcomes. *Journal of Family Theory & Review, 3,* 256-272.

在某個研究領域的發展上，當某項研究提出重要觀點時，這也會是一篇重要的研究。例如，推翻知名研究者立場的研究論文，或是發展出一項新穎研究方法的文章。一篇研究有許多方面的特徵，都可能足以說明它的地位重要性。當某篇研究特別重要時，請確認你有在文獻回顧中跟讀者講明這點。

準則5：如果是針對某項主題的時間性評論，請具體描述時間範圍

避免在你的文獻回顧開頭，對某項主題就使用未清楚指明時間的論述，像是「近年來（In recent years），人們對……越來越有興趣……」。這樣的開頭可能會讓讀者產生很多無法回答的問題，諸如：具體包括的年數？作者是如何判斷「興趣」在增加？是誰變得更有興趣？作者還是領域中的其他人？有沒有可能最近只有作者還對這個主題有興趣，而其他人則早已失去了興趣？

因此，應該用數字或百分比以及指稱特定年份，來說明某項問題或感興趣的人口規模增加。例如，像是「會作弊的大學生人數可能早已增加」或「這將會帶來就業率的提升」，這樣的說明，就不太能夠提供有用的資訊。範例10.5.1和10.5.2的作者藉由具體引用百分比和時間框架（重點部分使用了斜體和粗體），避免了上述的問題。

範例10.5.1[5]

列舉特定的時間範圍

近年來在這個領域的研究，記載大學生的作弊和不道德行為，呈現穩定的增長（Brown & Emmett, 2001）。*最早追溯到1941年，Baird（1980）的報告指出，大學生的作弊從1941年的23%提升到1970年的55%，而在1980年達到75%。此數字不斷地上升，McCabe和Bowers（1994）的研究指出，大學生的作弊從1962年的63%上升到1993年的70%。*

更為近期的研究，Bruke、Polimeni和Slavin（2007）說：「許多研究認為，我們可能正處於學術違法行為文化的懸崖邊，許多學生從事各種不同形式的作弊」。奧克拉荷馬州立大學誠信中心（2009）對1,901名學生及431名教師進行了大規模調查，所得到的結果令人不安。結果顯示，60%的大學生從事過至少一種違反學術誠信的行為，其中72%的商管科大學生報告自己有過這樣的行為，而其他學科的大學生則有56%。*Brown、Weible及Olmosk（2010）也指出，2008年大學部商管課程中的作弊比率接近100%，比起1988年所記載的49%大幅增加。*

範例10.5.2[6]

列舉特定的時間範圍

由於當前經濟出現緩慢復甦的信號，企業主對未來抱持謹慎的樂觀態

5　Burton, J. H., Talpade, S., & Haynes, J. (2011). Religiosity and test-taking ethics among business school students. *Journal of Academic and Business Ethics, 4,* 1-8.

6　Butler, T. H. & Berret, B. A. (2012). A generation lost: The reality of age discrimination in today's hiring practices. *Journal of Management and Marketing Research, 9,* 1-11.

度。在視地區而定的失業率綜合指標中，可能指出不少產業的就業率會有所增長。**《今日美國》最近發布的一份經濟報告顯示，*12個月以來*，全國建築業（*3.9%*）、休閒和酒店業（*3.4%*）、教育和醫療服務業（*2.9%*）以及專業與商業服務業（*2.9%*）的就業率增長最為強勁，而政府部門（*-0.3%*）、公用事業公司（*0.3%*）等傳統穩健且安定的行業，則有較低的增長率。**

　　大多數的大學都設有寫作教學中心，可以給予學術新手所需要的幫助。許多這樣的中心，都會在網頁上提供有用的指引。舉例來說，其中一個這類能夠提供寫作者指引的網站：http://www.phrasebank.manchester.ac.uk，其將學術寫作中常用的詞組，分為不同的實用類別，例如分類與列舉（Classifying and Listing）、描述趨勢（Describing Trends）、顯示轉折（Signalling Transition）、表達謹慎（Being Cautious）以及其他，讓寫作者可以參考。

準則6：如果引用經典或指標性研究（landmark study），需要指明它的地位

　　請確認你有在文獻回顧中清楚地指出經典的或指標性意涵的研究，這類研究往往是已出版文獻的歷史發展上重要關鍵點。此外，它們通常是形成某一個特定問題或研究傳統的原因，以及之後文獻使用關鍵概念或專有名詞的原始參考來源。無論它們的貢獻是什麼，你都應該在文獻回顧中指出其地位是經典的或具指標性的。範例10.6.1中引用一項指標性研究，其為關於該主題的最早調查之一（重點部分使用了粗體和斜體）。

範例10.6.1[7]

指出一項指標性研究

　　有幾項研究探討小學學童隨時間推移，受欺負和學業成就之間直接與間接關聯。***在最早關於此主題的一項調查中***，Kochenderfer和Ladd（1996）表示，在整個幼稚園學習期間，被同儕欺負的經歷是學校適應問題（例如：學業成績、逃避學業、孤獨感）的前因。

準則7：如果一項指標性研究被重製（replicated），需要提及這件事並且說明重製的結果

　　就像前一條準則所指出的，指標性研究通常會引導出其他的研究。事實上，藉由採用不同參與者群體，或調整其他研究設計的變項，許多研究已被重製過很多次。如果你引用的是一個已經被重製過的指標性研究，你需要在文獻回顧中提到這個狀況，並且說明那些重製研究是否成功。範例10.7.1對此進行了說明（重點部分使用了斜體和粗體）。

---

[7]　Juvonen, J., Wang, Y., & Espinoza, G. (2011). Bullying experiences and compromised academic performance across middle school grades. *Journal of Early Adolescence, 31,* 152-173.

範例10.7.1[8]

提出質疑先前假設的新證據

　　為了解釋兒童在被動語句結構中所經歷的困難，Borer和Wexler（1987）提出了A-鏈成熟（A-chain matuation）假說。根據該假說，兒童在5歲或6歲時，會開始掌握並精熟對話中的被動語態。〔……〕

　　然而，來自其他A-動作建構（A-movement constructions）習得的研究證據，卻使得A-鏈成熟觀點變得格格不入，孩童會表現得像成人一樣，像是，反身附著語（reflexive-clitic）結構（Snyder & Hyams, 2014）、主語到主語的提升（subject-to-subject raising）（Becker, 2006; Choe, 2012; Orfitelli, 2012）。

準則8：討論有關你的主題的其他文獻回顧

　　如果發現你探討的主題之前已有發表過的文獻回顧，那在你的文章中討論早期的文獻回顧就會非常重要。在此之前，請檢視以下問題：

1. 其他文獻回顧和你的有什麼不一樣？

　(1) 大體上，你的文獻回顧是否更貼近當下研究發展？

　(2) 你是否以不同的方式界定主題？

　(3) 你是否進行了更爲全面的回顧？

　(4) 之前文獻回顧者的主要結論是否和你的相同？

---

[8] Volpato, F., Verin, L., & Cardinaletti, A. (2016). The comprehension and production of verbal passives by Italian preschool-age children. *Applied Psycholinguistics, 37,* 901-931.

2. 另一篇文獻回顧是否有獲得你的讀者關注的價值？

　(1) 閱讀你的文獻回顧，他們能額外獲得些什麼？

　(2) 他們是否會看到不同的、具潛在價值的有用觀點？

　(3) 之前文獻回顧的主要優勢和劣勢會是什麼？

　　誠實地評估你對這些問題的回答，這可能會讓你再次確認你所選擇的當前主題，也可能會讓你改善或改變你所關注的焦點，將其轉至更為有用和有效的方向。

準則9：說明你選擇不討論特定議題的原因

　　如果你發現有必要省略某些相關議題的討論，那麼你可以像範例10.9.1，解釋你做出這項決定的原因。當然，你的文獻回顧應該完全涵蓋你所選擇的特定主題，除非你可以提供略去某項特定議題的合理說法。基本上，你不應該只說明有關主題的某些部分文獻，然後讓你的讀者覺得其他文獻是不重要的。不過若有需要的話，範例10.9.1中提供一項有用的技巧，藉由指出某部分議題不在文獻回顧中詳細回顧的原因（重點部分使用了斜體和粗體）。

範例10.9.1[9]

解釋為何不討論某項議題

　　截至目前，嘗試結合一般線性混合模型（generalized linear mixed model）與鏈式方程插補法（chained equations imputation），僅得到有限的成果。例如，

---

[9] Enders, C. K., Mistier, S. A., & Keller, B. T. (2016). Multilevel multiple imputation: A review and evaluation of joint modeling and chained equations imputation. *Psychological Methods, 21,* 222-240.

Zhao和Yucel（2009）檢驗鏈式方程插補法於一個連續變項和一個二分變項的簡單隨機截距模型中，當組內相關（intraclass correlation）非常接近於零時，這項方法表現良好，但在其他條件下，卻會產生無法接受的覆蓋率（覆蓋率的值介於.40和.80之間）。撇開表現不談，由於吉布司採樣（Gibbs sampler）需要透過疊代優化步驟，讓線性混合模型能夠契合實際數據，所以這項程序需要極為大量的運算，並且也容易無法收斂。Zhao和Yucel（2009）報告指出，當組內相關的增加，無法收斂會變得更為常見。並且當我們試著將鏈式方程插補法應用於一個二分結果變項的隨機截距模型時，40%以上的次數都產生無法收斂的情形。總體而言，這些發現對於在一般線性混合模型中，使用類別變項插補法提出質疑。如果最簡單的隨機截距模型都會產生無法估計與頗差的覆蓋率，那麼在比較實際的情境下，像是有關隨機斜率或是混合類別變項和連續變項的複雜模式中，這項方法就不太可能會有良好的表現。***鑑於這些困難，我們對這項方法不提供更進一步的探討。***

準則10：為你的說法提供正當理由，像是「未發現相關研究」

如果你在文獻回顧中發現過往文獻有值得提及的研究缺口，要解釋你是如何得出確實存在研究缺口的結論。至少，說明你是如何進行文獻搜尋、你搜尋了哪些數據庫、以及你使用的期間和其他的參數。你不需要鉅細靡遺的描述，但讀者會希望你能證明你對研究缺口的聲明是正確的。

為了避免誤導你的讀者，你可以像範例10.10.1那樣，在你的文獻回顧較前面的段落就做出聲明。這樣當你指出一個可能並不存在的研究缺

口時，這個做法可以保護你免於受到批評。換句話說，你是在告訴你的讀者，這個缺口可能是由於使用「特定的搜尋策略」所造成的。

範例10.10.1[10]

說明搜尋研究文獻的策略

　　我們系統性地搜尋相關研究直到2011年的2月。我們一開始是基於我們先前研究所蒐集的一系列研究論文，這些研究是關於兒童有父母於監獄服刑的主題，隨後再採用四種方法來搜尋其他研究。首先，我們在23個電子資料庫和網路搜尋引擎中輸入關鍵詞，所輸入的關鍵詞是（*監牢*、牢獄*、監獄*、監禁*、關押*、拘留**）和（*孩子*、兒子*、女兒*、父母*、母親*、父親**）和（*反社會*、違法*、犯罪*、犯法*、暴力*、攻擊*、精神健康、精神疾病、內化*、憂鬱*、焦慮、焦慮的、心理的*、毒品*、酒精*、飲酒*、菸草、吸菸*、物質、教育*、學校、年級*、成就*）。

　　其次，檢視先前文獻回顧中的背景資料（Dallaire, 2007; S. Gabel, 2003; Hagan & Dinovitzer, 1999; Johnston, 1995; Murray, 2005; Murray & Farrington, 2008a; Myers et al., 1999; Nijnatten, 1998），以及關於兒童有父母於監獄服刑的書籍（Eddy & Poehlmann, 2010; K. Gabel & Johnston, 1995; Harris & Miller, 2002; Harris, Graham, & Carpenter, 2010; Shaw, 1992b; Travis & Waul, 2003）。第三，我們聯繫此一領域的專家，對於我們可能沒有找到的研究，請求他們協助提供相關研究訊息。所

---

[10] Murray, J., Farrington, D. P., & Sekol, I. (2012). Children's antisocial behavior, mental health, drug use, and educational performance after parental incarceration: A systematic review and meta-analysis. *Psychological Bulletin, 138,* 175-210.

聯繫到的第一組專家大約65名，包含對此議題有興趣的專業研究人員和實務工作者。第二組則是在犯罪學領域的重要長期研究中，擔任研究主持人的30名研究者……。

準則11：避免過多且不明確的文內引用

在學術寫作中，於文章內引用參考文獻至少有兩個目的。首先，它們被用來將某個想法歸功於某個作者，當直接引述某個作者的整句文字時，若是不呈現原作者的貢獻，就有可能會構成抄襲。第二，可被用來展示稿件中所涵蓋的過往研究範圍，例如，對於將在文獻回顧內詳細討論的關鍵研究，你可以先引用幾篇於前言的段落中。但是要注意，不宜使用一堆與論點沒有特定關係的參考文獻。這般不恰當的做法可參考範例10.11.1的第一句話，其引用了過多且無關的參考文獻。這些都是實證研究嗎？他們是否有報告這些作者對這個議題的推測？是否有某些文獻比其他文獻更為重要？對作者來說，最好是提供讀者某個特定領域中，少數幾篇重要的研究即可，而這些重要的研究論文中會再包含其他文獻，其可以額外提供讀者有關該領域的例子，就如同範例10.11.2所呈現。

範例10.11.1

文獻回顧的第一句話（太多不具體的引用）

許多作者指出相較於雙親家庭，單親家庭的小孩更容易面臨低學業成就的風險（Adams, 2015; Block, 2014; Doe, 2013; Edgar, 2015; Hampton, 2009; Jones,

2015; Klinger, 2008; Long, 2011; Livingston, 2010; Macy, 2011; Norton, 2012; Pearl, 2012; Smith, 2009; Travers, 2010; Vincent, 2011; West, 2008; Westerly, 2009; Yardley, 2011）。

範例10.11.2

範例10.11.1的改進版本

　　許多作者認為相較於雙親家庭，單親家庭的小孩更容易面臨低學業成就的風險（例如：請參見Adams, 2015與Block, 2014）。最近的三項研究，為此一論點提供強而有力的支持證據（Doe, 2013; Edgar, 2015; Jones, 2015）。其中，Jones（2015）的研究最具影響力，其研究採用全國性樣本，並且嚴格控制……。

　　注意「請參見」（e.g., see...）的用法，這是代表針對作者所認為的論點，僅有一部分的參考文獻被拿來引用，你也可以使用拉丁縮寫*cf*（代表了「查閱、對照」的意思）。

準則12：如果過往研究的結果不一致或差異很大，請分別引用它們

　　相同主題的研究，時常會出現結果不一致或差異很大的情形。當這樣的事情發生時，為了讓讀者正確理解你的文獻回顧，你需要分別引用這些研究。下面兩個例子說明這項可能的問題，範例10.12.1是具有誤導性的，因為其將兩個極端的百分比範圍放在一起呈現。範例10.12.2則用另一個比較好的方式，來引用這兩個結果不一致的研究。

範例10.12.1

將不一致的結果引用成單一結果發現（不建議）

　　在之前的研究中（Doe, 2013; Jones, 2015），公立學校家長對於學校要求學生穿制服的支持程度差異很大，支持的範圍從19%到52%。

範例10.12.2

範例10.12.1的改進版本

　　在之前的研究中，家長對於學校要求學生穿校服的支持程度差異很大。鄉村父母的支持率僅為19%至28%（Doe, 2013），而鄰近都市區域父母的支持率為35%至52%（Jones, 2015）。

準則13：推測過往研究結果不一致的原因

　　對於有關內團體（in-group）道德缺失的羞恥感，範例10.13.1的作者推測研究結果不一致的原因（重點部分使用了斜體和粗體）。

範例10.13.1[11]

推測過往研究結果不一致的原因（建議的）

　　關於內團體道德缺失的羞恥感，我們**認為**過往研究結果的不一致，**可能是因為**以往的研究中，羞恥感的概念尚不明確。如同最近Gausel和Leach（2011）所指出的，羞恥感的相關研究將這種情緒概念化為評估（appraisal）與感受（feeling）的組合，然而不同的研究有著相異的組合方式。一些過往研究將羞恥感概念化為「擔心受到譴責」的評估與伴隨而來的「被拒絕感受」之組合，而另外多數的過往研究，則是將羞恥感概念化為「自我有缺陷」的評估與伴隨而來的「自卑感」。

準則14：在碩博士論文和期刊論文的文獻回顧段落中，引用所有相關的參考文獻

　　在撰寫碩博士論文或期刊論文的時候，文獻回顧段落會出現在原創研究內容之前，基本上你應該把所有相關的參考文獻，都在這個部分先引用出來，避免在後面的章節（例如：結果、討論部分）突然提出新的參考文獻。請檢查通篇文章，確認文獻回顧的段落或章節有完整涵蓋文章裡出現過的參考文獻。在討論研究結果時，你可以加入一些過往與你的主題相關的研究討論，不過再次提醒，在你的碩博士論文或是期刊論文中，這些研究需要於最開始的文獻回顧就被引用過。

---

[11] Gausel, N., Leach, C. W., Vignoles, V. L., & Brown, R. (2012). Defend or repair? Explaining responses to in-group moral failure by disentangling feelings of shame, rejection, and inferiority. *Journal of Personality and Social Psychology, 102,* 941-960.

準則15：在文獻回顧的段落或章節中，強調你的研究的必要性

　　在撰寫碩博士論文或期刊論文的時候，文獻回顧段落會出現在原創研究內容之前，所以你需要利用文獻回顧，來論證你的研究的必要性。這可以用幾種不同的方式來進行，比如說，指出你的研究：(1)填補了文獻缺口，(2)檢驗當前理論的重要面向，(3)重製一項重要研究，(4)使用新的或改進的研究方法步驟，來重新檢驗研究假設，(5)用來解決文獻中不一致的想法等。

　　範例10.15.1是研究論文中文獻回顧的一小部分，這項研究是要檢驗英國英文手語的成人繼續教育學習者，與學習成效良好有關的變項。在他們的文獻回顧中，作者指出文獻中的缺口，並說明他們的研究會如何處理這些研究缺口，且如何增加對於這個族群的理解，提供論述這項研究有其必要性的有力理由。

範例10.15.1[12]

論證研究的必要性

　　本研究包含幾項獨特的內容。首先，本研究蒐集了三所英國繼續教育學院的資料，這些學院的教學模式在某些方面有所不同。英國的繼續教育與美國的繼續教育相似，它是16歲中學義務教育之後的教育，但通常沒有學位。其中兩個中心所提供的內容，與英國一般會提供的相同，而第三個中心則是在他們的內容中，

---

[12] Allbutt, J. & Ling, J. (2016). Adult college learners of British Sign Language: Educational provision and learner self-report variables associated with exam success. *Sign Language Studies, 16,* 330-360.

加入了一些非典型的新方案，例如增加每週會話課程，希望能由此增加學生的經驗。藉由比較這些中心的成功率，可以評估這些課程對良好表現的影響。其次，本文探討可能會影響英國一級和二級課程表現的重要變項。英國一級和二級課程，等同於英國中學教育普通證書第一年與第二年的程度。〔……〕第三，本研究蒐集一些在手語二級課程的學習環境中，從沒有被檢驗過的變項資料（例如：自呈式的圖像思考方式）。

第十章活動

說明：針對授課老師所指定的文獻回顧範例，回答以下問題。

1. 描述每一篇文獻回顧範例所論述的廣泛問題範圍。這些作者在他們一開始進行文獻回顧時，是否就能充分解釋這個廣泛的問題？請說明。

2. 作者是否向讀者清楚說明文獻回顧主題的重要性？他是如何說明的？你認為這樣有效嗎？

3. 作者是否使用適當的措辭，來區分研究結果發現和其他的訊息來源？請解釋他是如何做的。

4. 是否有引用指標性研究？如果有，作者是否有說明其為指標性研究？若指標性研究和文獻回顧中的其他研究有關聯，它們之間的關聯性是什麼？

5. 在文獻回顧範例中，是否有相關議題的回顧性文獻引用未被詳細討論？請解釋這些文獻被引用的原因。

6. 如果有作者主張其主題的某些面向「沒有發現任何的相關研究」，他是否有清楚解釋這個說法的正當性（按照本章的準則內容判斷）？

第十一章　撰寫條理清楚的文章

　　本章是以幫助改善草稿為目的所設計的，將引導你把草稿發展成一篇具有條理的文章。請記住，文獻回顧不應該只是把你所讀過的文章摘要（或評析）連貫在一起而已，它應該要有清楚的論述，並且讓所有文獻回顧的題材能完整地傳遞該論點的內涵。回想第九章有關準備大綱細節的準則，我們也有講到類似的概念，在這裡需特別請你回顧其中的準則3與準則4，那時提出的主題大綱架構設計，是為了能夠讓你的論述有可以依循的脈絡。而你的筆記現在應該也已經根據這個脈絡重新整理，如果你還沒做這件事，建議你回到第九章並完成這些步驟。

準則1：如果你的文獻回顧很長，先在開頭處給一段概述

　　當在撰寫篇幅較長的文獻回顧時，提供讀者清楚明確的藍圖來說明你的論點會是相當地重要。這通常呈現在文獻回顧的前言段落，其概述接下來所有將談到的文章內容，請參考範例11.1.1。

範例11.1.1[1]

文獻回顧開頭：提供有力的藍圖

　　本文獻回顧的主要目的，為提供三個廣泛問題的全面性分析。首先，在小團體的社會兩難情境中，與合作有關的刺激是否能促進並維持團體內的合作互動？再者，什麼樣的變項會影響刺激的效果？最後，獎勵或懲罰對於合作的促進與維持，是否有不同的功能？簡短來說，我們採用相依理論分析，以了解刺激是否能夠促進合作，以及在什麼狀況下這些刺激會特別有效。

準則2：在開頭處，明確地說明「將會包含」和「不會包含」在文獻回顧中的內容

　　有些主題太廣泛了，你的文獻回顧不太可能完整地涵蓋這些主題中的所有內容。特別是當你在寫學期報告時，老師可能會限制你繳交的報告頁數；或者你是在準備要發表於期刊的論文，其文獻回顧在慣例上也都較短。在這些情況下，你應該在接近文獻回顧的開頭處，清楚地說明哪些議題會涵蓋在文獻回顧中，而哪些不會（也就是你的文獻回顧界線）。範例11.2.1展示了本準則的應用，在這個例子中，作者說明目前的這篇文章是某大型資料蒐集研究計畫的一部分，因此這個研究只專注在處理部分資料。

---

[1] Balliet, D., Mulder, L. B., & Van Lange, P. A. M. (2011). Reward, punishment, and cooperation: A meta-analysis. *Psychological Bulletin, 137*, 594-615.

範例11.2.1[2]

文獻回顧界限的陳述

　　本研究是大型計畫中的一部分，主要有關於孩童接觸不同的刺激。參與者會觀看一段電影短片與一個實況戲劇場景、參與一個有烘焙麵粉與水的實驗，以及聽聲音並指出是屬於哪張照片。除此之外，參與者也會接觸到嗅覺與觸覺的刺激，以及在兩個聲音事件中的聽覺刺激。大概兩週後，請孩童針對那些聲音事件做回憶與再認作業前，孩童會先接受有關這些刺激的標準化訪談或認知訪談。本研究將僅包含兩個聲音事件的回憶與再認作業之資料。

準則3：儘早將你的觀點在文獻回顧內呈現出來

　　如同先前所強調的，文獻回顧應該是一篇具有特定論點的文章，並且它可以反映你對於研究的觀點與想法。「論點」對主題的論述架構（即文章中後續有被支持的主張或命題）相當有幫助，不過表達論點的方式並不需要太過於詳細和提供太多細節。即便你能夠給予詳細的資料說明，仍不建議將論點如此呈現。在範例11.3.1中，作者便僅簡單地指出他們的觀點：「社會科學家與工程師在各自的專業領域中已有相當不同的發展，然而跨領域分享一些資料仍能有其益處」。這樣可以讓讀者在文獻回顧的前段，便知道此跨領域性的論點將主導本篇文章的論述方式。

　　當然，你應該在閱讀與全面評估你所蒐集的文獻內容後，才決定你的

2　Burrell, L. V., Johnson, M. S., & Melinder, A. (2016). *Applied Cognitive Psychology, 30*, 323-331.

論點是什麼。本準則所談的是文章中應該在何處呈現你的論點（即在文獻回顧的前段），而不是你應何時構思與建立這個論點。

範例11.3.1[3]

文獻回顧的前段簡述論點

　　參與貿易的對象皆可以各別獲得同等的利益，此為貿易區的基本運作原則。因此在跨領域合作時，電腦科學家從工程學家獲得的益處，應該要等同於社會科學家從工程學家獲得的益處。但是否真是如此？為了讓交換成立，這些領域是否需要有共同的研究文化，或者是研究興趣需有所交集？我們是否可以期待他們共同專注於大數據，便可以在各自的理論觀點和研究架構上得到同等與互惠的交換結果？或者比較可能導致一些領域站在領導的地位，而其他領域變成跟隨者？在接下來的部分，我們將討論這些領域——社會科學以及工程學／工業（為了簡化，我們將這兩者結合），如何適應不同的研究文化與架構。〔……〕

準則4：以一篇清楚且字句連貫的文章為目標，避免註解式段落

　　我們不斷地強調一篇好的文獻回顧應該要以作文的規格撰寫，對於學術寫作新手而言，最常反映的問題就是他們很難脫離在文獻回顧中使用註

3　McFarland, D. A., Lewis, K., & Goldberg, A. (2016). Sociology in the era of Big Data: The ascent of forensic social science. *The American Sociologist, 47,* 1, 12-35.

解式的段落。註解式段落是指將某篇論文的內容概要寫成一個段落，連續呈現幾個註解式段落可以展示這個主題有做過哪些研究，但是這樣沒辦法為讀者妥善地組織這些素材。

好的文獻回顧需要能整理所有文獻並提供一個論點，作者需要論述每篇研究為什麼相互有關聯、它們之間相對的優勢與弱勢為何、研究缺口在哪裡以及為什麼會有這些缺口，而且這些細節需要能支持作者寫這篇文獻回顧的目的。第九章提供的準則說明了論述的途徑，不過其主要還是需取決於作者如何將這些論述結合成為具有重要研究論文細節的段落，並且如何再將各個段落匯集成能夠傳遞獨特觀點的文章。

範例11.4.1呈現如何將好幾個研究同時引用於一個段落中，該段落顯然是以主題為中心所組織的，而不是圍繞著個別作者的論文做概述。

範例11.4.1[4]

在同一段落中的多個引用

　　Fanon沒有太多心理分析的臨床或理論經驗，雖然Burman（審查中）有提到Fanon的一些實務經驗，但多數的官方紀錄仍是認為，他對現象學以及存在主義有著較大的影響，特別是從Sartre的敘述可見一斑（Macey, 2012; Desai, 2014）。他提出的種族社會起源或黑人的社會建構，特別是說黑人男性氣質為「恐懼基因」（可造成恐懼症），讓他被稱為「文化的心理分析師」（Gates, 1991, p. 248）具有相當高的說服力。Gates（1991）與Macey（2012）皆不認為Fanon是典型拉岡學派的學者，儘管他提出了區別自己與他人的視覺再認／錯認焦點。這個對於視覺

---

[4] Burman, E. (2016). Fanon's Lacan and the traumatogenic child: Psychoanalytic reflections on the dynamics of colonialism and racism. *Theory, Culture & Society, 33*, 77-101.

的焦點是相當關鍵與具有象徵性的，並且讓拉岡學派學者記錄為透過建立種族主義的象徵性次序，打破了純粹想像的界線（亦可參考Vergès, 1997）。

準則5：使用次標題，尤其是篇幅長的文獻回顧

篇幅長的文獻回顧，特別是為了碩博士論文所寫的那些，通常會涉及到多種學門的文章，因此我們建議使用次標題來將不同的領域區分開來。如果你決定使用次標題，記得要策略性地讓次標題幫助加強你的論點，以及讓讀者能更容易地採信你的論述。在第九章準備的主題大綱可以協助你決定次標題要加在哪裡，不過你需要將大綱中的那些句子轉換成主題標題的寫法，而不是直接以陳述句呈現。

準則6：使用轉折詞幫助你的論述

策略性地置入轉折詞（或稱「過渡詞」），可以幫助引導讀者跟隨你的論述，舉例來說，可以使用轉折詞提供讀者關於論述進展的線索，像是在段落的開頭加上「第一／首先」、「第二／再者」和「第三／最後」，標記三個具有關聯性的論點發展，你在任何寫作書籍裡，都可以找到一系列常用的正式作文轉折詞。

不過需小心不要過度使用這些轉折詞，尤其是對於比較短的文獻回顧，可能就不是那麼地需要用轉折詞來標記三個相關的論點，因為這幾個論點可能就出現在前後相鄰的段落而已。而在篇幅短的文獻回顧中，另外一個常見的問題為過度使用後設評論（meta-comments, Bem, 1995），

後設評論是指作者在文獻回顧中評論自己的這篇文獻回顧（相對於評論那些正在回顧的文章）[5]。範例11.6.1便是一個後設評論的例子，作者在整段文字裡，重複地說明他的文獻回顧組織方式。雖然使用後設評論並非全然地不好，但仍建議你避免太常重複敘述已經講過的事情。

範例11.6.1[6]

使用後設評論的例子

　　本研究將複雜的時間運用以Hannah的日記為例說明，下一部分將提供有關Hannah的簡介以及描述他的日記內容。再來，我們將討論時間與關係空間（包含文化空間）的理論脈絡。時間、空間、情感與象徵的多方向性將會被探討，我們會提出三個切入點闡述這些想法，而這些想法是有關將創造與匯集時間作為情感浮現、認同、調適，以及建立符號化與象徵性的基礎歷程。

準則7：如果你的主題涵蓋了二個以上的專業領域，請考慮根據不同領域分開回顧

　　有一些主題可以自然地跨越專業領域的界線，舉例來說，如果你在寫有關青少女糖尿病管理的文章，你將會在不同的專業學門領域發現與主題

---

[5]　Bem, D. J. (1995). Writing a review article for Psychological Bulletin. *Psychological Bulletin, 118*, 172-177.

[6]　Gentile, K. (2016). Generating subjectivity through the creation of time. *Psychoanalytic Psychology, 33*, 264-283.

有關聯的文獻，這其中可能包含了健康管理學、營養學以及心理學。在健康管理學的文獻中，可能會涉及各種胰島素治療方式（例如：不同種類的胰島素使用，或者是對於胰島素幫浦與胰島素注射器的使用選擇）；在營養學的期刊中，可能包含一些研究關於有效控制胰島素休克的食物攝取替代方式；最後，在心理學的文獻裡，則可能提供對於青少女常見壓力源本質的理解，特別是有關這些壓力源如何影響青少女自我監控、營養選擇與價值取向的決策歷程。雖然這些例子都是我們虛構的，不過顯然地在這樣的主題中，依照領域區分成三個部分回顧各領域的相關文獻，將會是一篇文獻回顧比較好的呈現方式。

準則8：在文獻回顧的結尾處做個總結

在文獻回顧的最後，應該要給讀者一個收尾，也就是說，你論述的軌跡應該結束於一段總結之類的敘述。至於如何做收尾，將取決於你寫這篇文獻回顧的目的。如果這篇文獻回顧是獨立成篇的話，像是學期報告或者期刊的回顧性論文，那麼結論需要提供清楚的說明，解釋文內的題材如何支持你在前言提出的主張或命題。另一方面，如果文獻回顧是爲了碩博士論文或期刊的原創性實徵研究論文所寫，結尾通常便是帶出接下來要討論的研究問題。

若你的文獻回顧很長又很複雜，在提出總結前，應該先簡述你的論點思路，不然可能會造成讀者需要停下來思考與釐清你所架構的世界。篇幅短的文獻回顧雖然通常不太需要先提供簡述，不過這主要還是取決於論述的複雜性而定。你可以向指導教授或同學尋求建議，以決定結尾處你需要爲論點思路提供的簡述要多長。範例11.8.1提供一段在篇幅較長的文獻回

顧所出現的簡述及總結，在多數的情況下，篇幅越長的文獻回顧，結尾簡述便需要提供越多細節。

範例11.8.1[7]

針對長篇幅文獻回顧之簡述與總結的段落

　　一直以來社會上都有個普遍信念，認為頻繁地接觸印刷品對於學術成就有長遠的影響，如同練習閱讀是預防與治療閱讀問題的良藥（相關回顧可參考 Dickinson & McCabe, 2001; Phillips, Norris, & Anderson, 2008）。這個有關於印刷品接觸的綜合性後設分析，為此信念提供了一些科學支持。我們的研究結果與閱讀發展早於正式教育的理論一致，認為分享書籍是建立家庭讀寫刺激環境的一個重要面向。書籍可以提供一個有意義的背景脈絡來學習閱讀，並且不僅能夠刺激閱讀理解力，還可以在幼兒期即培養技術性閱讀能力。對於道德成規前期的閱讀者，我們發現其口頭語言以及閱讀的基礎知識，與印刷品接觸也有相當的關聯。而對於習慣閱讀的孩童，進了學校之後閱讀依舊很重要……。

準則9：檢查你的論述脈絡連貫性

　　有關學術文章寫作，一個最難學的能力便是如何校閱自己文章的連貫性。所謂的連貫性，指的是文章段落能夠被妥善地連結成具有整體性論

---

[7]　Mol, S. E., & Bus, A. G. (2011). To read or not to read: A meta-analysis of print exposure from infancy to early adulthood. *Psychological Bulletin, 137*, 267-296.

述之程度。適時地問自己：「我是否有好好地連結文獻回顧裡的不同題材？」是件很重要的事情，這需要你謹慎地評估文章裡各項修辭手法使用的效果，可否讓讀者了解文獻回顧的架構以及各個題材之間的關係。而在這之中，次標題可以幫助辨識文章的架構，運用轉折詞與其他種類的修辭註記也可以協助定義不同段落間的關係，例如：「在下個例子中」、「在一個相關的研究裡」、「對於相反的例子來說」以及「最新的研究顯示」等。類似的修辭例子相當多，請記得這些修辭手法對於讀者來說是非常好的引導工具，因此，當文獻回顧有很複雜的細節時，特別需要留意。

第十一章活動

說明：請與班上的同學合作，交換手上的研究論文，並先個別回答下列問題。接著，一起分享各自的想法和進行討論。

1. 如果文獻回顧的篇幅很長，作者在開頭是否有提供一段概述？請說明。
2. 作者是否有清楚說明哪些內容將會或不會包含在這篇文獻回顧裡？請說明。
3. 這篇文獻回顧是否爲一篇清晰且字句連貫的文章？請說明。
4. 作者是否有避免註解式段落的寫法？請說明。
5. 如果這篇文獻回顧很長，作者是否有使用次標題？請說明。
6. 作者是否有用轉折詞來幫助呈現他的論述脈絡？請說明。
7. 如果主題有涵蓋不同的專業領域，作者是否有根據領域各別回顧文獻呢？
8. 在文獻回顧的結尾，作者是否有寫一段總結呢？
9. 論述的脈絡是否具有連貫性？

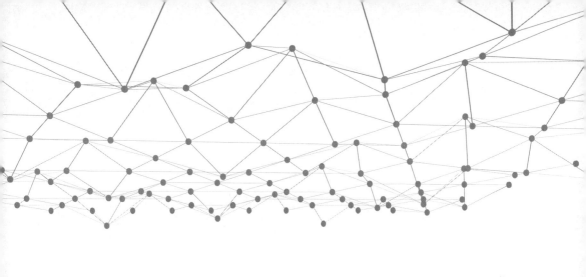

◆第四部分

編排與準備文獻回顧的
最終稿

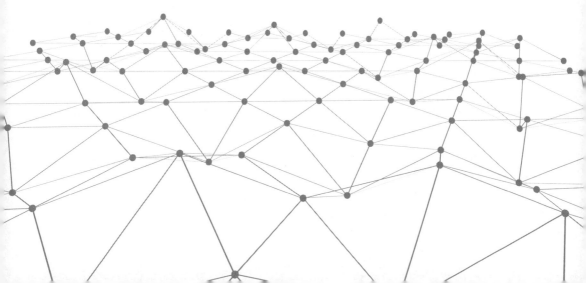

編排論文與採納意見的準則

　　到了寫作過程的這個階段，你已經完成文獻回顧的主要部分。然而，工作還沒有結束，你現在應該著手進行論文寫作中重要的最後步驟——重新改寫你的文獻回顧。

　　新手作者經常會在這個階段感到很挫折，因他們現在必須要以公正且無偏見的觀點，重新檢視從其個人視角所撰寫的內容。在之前的寫作階段中，身為一位作者，你是進行分析、評估以及統整其他作者文章的人。而現在，換成你的草稿要受到你自己以及讀者的分析與評估，這絕對不是一項容易的任務，但卻是在撰寫一篇有影響力的文獻回顧時，十分關鍵而且必要的步驟。

　　要達成角色轉換的第一步，就是要先把稿件放在旁邊一段時間，讓你可以與之前的寫作內容以及身為作者的角色，產生一些距離感。其次要提醒自己，寫作的過程等同作者與目標觀眾間不斷協商的歷程，而這也是為什麼角色轉換會如此重要，你現在應該從另一個人的角度去審視你的草稿，試著作為讀者去重新閱讀與了解文章中所想要表達的論點。

　　在重新改寫的過程中，一般會包括對意見回饋的評估與採納。這些意見可能來自於你的授課老師和同學，或者來自於你自己想要改善和修改草稿的想法。如果你寫的文獻回顧是為了繳交學期報告，你可以在寫作過程中的關鍵時間，向授課老師徵求意見回饋，這可以是在開放給學生晤談的

時間討論你的想法，或是當你的教授同意時，你也可以拿第一版草稿請他給些評論。如果你寫的文獻回顧是為了你的碩士論文或是博士論文，你最初的意見回饋會是來自於你的指導教授，不過儘管如此，你也應該考慮多詢問同學和同事的看法。如果你的文章中的文獻回顧是為了出版發表，你應該要同時向授課老師、同學以及同事尋求意見，而且能夠收到越多的回饋越好。

身為作者，你要負責決定採納或捨棄哪些建議，從不同來源所獲得的意見，能夠帶給你寶貴的資訊，了解如何改善你與讀者溝通想法的方式。接下來的準則便是用來幫助你完成這項歷程。

準則1：讀者永遠是對的

這條準則是故意用誇大的方式來引起你的注意，因為在重新改寫的過程中，這可以說是最重要的事情。如果一位受過教育的讀者無法了解你的論點，代表你們之間的溝通是失敗的。因此，你永遠都應該要用非常認真的態度修改你的草稿，直到讀者覺得閱讀起來更加清楚。如果你一心只想要為草稿的內容辯解，反而容易造成反效果，你應該要試著去判斷，讀者為什麼會無法了解你的稿件內容。你的分析有錯誤嗎？你沒有提供充足的背景訊息嗎？如果在不同段落間，額外增加更為明確的轉折詞，會讓論述更為清楚嗎？以上只是稿件中可能會有的一小部分問題。安排足夠的時間，讓你和你的讀者討論他們不了解或是誤解的地方，這樣你才能夠更全面地知道他們理解困難的原因。

準則2：希望你的指導者（授課老師或指導教授）是針對內容進行評論

對你來說，在重新改寫的初期，獲得指導者對你的稿件內容之意見與想法，會是相當重要的事情。如果你的草稿有太多格式上和書寫上的錯誤，像是寫錯字或是誤植標題，你的指導者會被迫先注意到這些事情。而在你能將稿件修改到容易閱讀之前，指導者都會無法把焦點放在你的稿件內容，更不用說要針對內容給予評論。

準則3：首先集中注意於有關你想法的評論上

就如同前面兩項準則的建議，你在這個階段的首要目標，應該是要檢視稿件內容是否有確實地表達了你的想法。當然，你還是要留意並處理有關格式方面的修改建議，不過待處理事項第一順位，應該是要確定你所發展的論述能夠溝通與傳達給他人。因此，你需要仔細評估你從各個管道（從你的學生到你的授課老師）收到的意見回饋，因為在這個階段，你需要將精力集中在如何讓你的論文能夠有效且正確地傳遞你的想法（跟格式和語言使用有關的重要事項，本章隨後將會進一步說明）。

準則4：釐清矛盾的意見回饋

你的草稿可能會得到相左的意見評論，舉例來說，碩士論文或是博士論文的口試委員，就常會給你互相矛盾的回饋，某位委員可能會要求你提供某項研究的額外細節，而另一位委員則可能覺得不用太過強調細節。如

果你遇到這樣的相左意見，你的責任就是要向兩方釐清問題點，並且協商出一個解決方案。首先，確認相左的意見並不是來自於某一方對你論述的誤解。其次，跟這兩個人都討論這件事情，並且試著達成折衷的方案。

準則5：使用學門論文格式手冊處理有關格式的評論

根據不同的寫作任務，你需要仔細去閱讀其要求的特定格式手冊，如果你最早是在英文系的課程有學術寫作的經驗，他們可能會訓練你使用現代語言學會（Modern Language Association, MLA）的《MLA手冊》（*MLA Handbook*）[1]，如果你是要寫碩博士論文，許多大學圖書館則是會建議遵照《芝加哥格式手冊》[2]（*The Chicago Manual of Style*）。不過在社會和行為科學中，最廣為使用的是《美國心理學會出版手冊》[3]（*Publication Manual of the American Psychological Association*）。如果你在準備要投稿期刊的論文，在投稿之前，則需檢視一下你要投稿的期刊或是出版商所提供的投稿格式須知。最後，許多學系和學院也會有各自對於該採用何種格式的政策。不論你的寫作內容應該使用哪一種格式手冊，請記住你要注意其中的所有細節並且完全遵守。當你認為已經處理完所有的意見回饋後，仍然要再次確認你的草稿是否有符合相關的格式手冊規範。

---

[1] Modern Language Association of America. (2016). *MLA handbook* (8th ed.). New York, NY: Modern Language Association of America.

[2] University of Chicago Press. (2014). *The Chicago Manual of Style* (16th ed.). Chicago: University of Chicago Press.

[3] American Psychological Association. (2010). *Publication Manual of the American Psychological Association* (6th ed.). Washington, DC.: American Psychological Association.

準則6：要留下充足的時間處理意見和修改草稿

當繳交期限迫近，又面臨需要大幅度修改論文結構或內容時，學生經常會倍感挫折。你應該預想你的文獻回顧至少會需要一次重大修改，所以應該要預留足夠的時間，讓自己有時間做好這件事。專業的作者經常需經過三次以上的修改，才能將草稿調整到足以被他們自己視為是最終的稿件。當你沒有時間做這麼多次修改時，至少應該要保留足夠的時間，讓自己可以不急迫地修改一、二次稿件。

準則7：比對你的草稿和主題大綱

你在第九章建立的主題大綱，可以幫助確認文獻回顧的論述路徑，現在第一版草稿已經完成，你可以比對一下你所寫過的主題大綱，確認論述中的各項內容已經充實完備。

準則8：檢查文獻回顧是否有平衡論述

對於閱讀文獻回顧的讀者來說，其需要有辦法消化論文剖析和統整的細節，以跟上文章的論述結構，特別是對於一篇很長又複雜的文獻回顧。一個主題大綱基本上會有平衡的結構成分，舉例來說，有關研究劣勢的討論，會被研究優勢的討論所平衡，某項支持性論點也會被對抗性論點所平衡。這些讀者預期會看到的內容，是來自於學術寫作上由來已久的傳統。所以你需要檢查你的稿件，確保你的描述有做適當的平衡。你也有可能會需要解釋為何文章中缺少平衡論述，像是清楚說明目前沒有發現不支持某

一特定論述的研究（如果你在回顧中遇到這個情形，請參見第十章中的準則10）。

準則9：避免過度使用直接引述，特別是長段句子

對於社會與行為科學的學術寫作新手來說，最難改變的問題之一，就是過度使用引述。大學的寫作課程會很強調正確引述他人話語的慣常用法，這可能因此讓學生習慣大量直接引述。其實採取直接引述並沒有任何錯誤，然而當其被不恰當地運用，或是不論在任何情況中都這樣使用時，就會產生問題。

由於缺乏句子在原來文章中的背景，若直接引述句子的部分內容，可能會無法傳達作者想要表達的完整意涵。當讀者必須要很努力才能了解文獻回顧中直接引述欲表達的想法時，文獻回顧本身所想要傳達的訊息便會被打斷。若是為了解釋一段引述的完整背景，而呈現一些與文獻回顧目的不太有關的細節，這反倒更會讓讀者感到更困惑。相對來說，通常較有效的方式為換個說法來解釋某位作者的主要想法，如此也更能減少產生會讓人分心的細節。另外，對於文獻回顧論述的流暢度，重新論述也可以降低因不同作者的書寫風格差異所造成的干擾。不過不管是採用那一種方式，你都應該要妥善地引用資料的來源。

最後，不建議在文獻回顧的開頭，就採用直接引用的方式。有些學生很喜歡這樣做，但請記住對讀者來說，當他們還沒有看到文獻回顧的內容之前，其實會很難理解這些直接引述所想要表達的重要性。

準則10：重複出現的詞彙，應避免使用同義詞

　　回顧實徵研究的重點，應該是儘可能清楚和精確地表達、解釋，以及統整其他作者的想法和研究發現。當在描述一些其他研究重複出現的內容時，你可能會需要重複使用某些字詞，那些剛接觸學術寫作的學生在遇到這種情形時，就會像是在做創造力寫作練習。但不是這樣的！文獻回顧會涵蓋許多研究（以及其他類型文獻）的訊息，因此要設法讓讀者能夠快速地吸收這些內容。所以即使會一直重複出現，嚴格遵循慣常使用的詞彙仍是非常重要的。當作者能夠一致性地使用慣用詞彙，特別是在說明研究方法或研究技術層面的段落，整篇文章才有可能達到最佳的清晰程度。

　　一般來說，對於相同的人事物，最好使用一致性的稱呼。舉例來說，如果一項研究包含兩群參與者，研究者將之命名為群體一與群體二，在大多數情形下，你都應該避免用其他名詞取代（像是：「鳳凰城組」或「最初的青少年組」）。從另一個角度來說，如果用不同的名稱可以協助釐清該研究的設計（如：當群體一是控制組，而群體二是實驗組），那也不是不能使用替代的名稱，但是在你的文章中，仍然必須要通篇採一致的稱呼。範例12.10.1呈現使用同義詞以及「有創意」的句子結構，會如何讓讀者感到困擾。這種採用不同的觀點，又將第一組同時用「鳳凰城組」、「群體一」、又或是「實驗組」來說明，肯定會對讀者造成困擾。範例12.10.2則是改善後的版本，作者一致性地使用「實驗組」與「控制組」來說明兩個群體。

範例12.10.1

使用不一致的稱呼

　　在教鳳凰城組要正確地指認出不同動物玩具的名稱後，研究者將其帶回進行二次研究，第一次是在六個月後，而第二次則是在一年後。另一組青少年則是被教導用顏色而不是名稱來指認動物玩具，他們只有進行一次的調查，也就是在六個月後被要求回答一組問題。群體一的表現優於群體二的表現。而實驗組的表現較好是由於……。

範例12.10.2

範例12.10.1的改良版

　　實驗組被教導要指認出不同動物玩具的顏色，並且間隔六個月後進行兩次的重複檢測。控制組則是被教導要指認出玩具的名稱，並且僅在六個月後再次測量一次。實驗組的表現優於控制組的表現，而實驗組的表現較好是由於……。

準則11：第一次使用縮寫前需先呈現全名，並且也要避免過度使用縮寫

　　有許多縮寫已經成為每日語彙中的一部分，我們在寫作的過程中會很容易忽略它們其實是縮寫。像是一些是學校的縮寫，如UCLA、USC或是台大；或是專業組織的縮寫，如APA或是MLA；也有一些縮寫是來自於我們的生活，像是FBI、FDA、GPA或是食藥署。雖然這條準則看似很容

易，但如同上述例子或其他既有的縮寫，這種從未把全名寫出來的情況其實很常見。所以，請確保你仔細檢查過文章中的縮寫，並且在你第一次使用它們時，要把全名呈現出來。

有些時候，使用縮寫來指稱某些事物是很省事的，尤其當它的全名很長，而你又必須多次重複提及這件事時。舉例來說，加州州立大學（California State University）學生畢業寫作測量要求（Graduation Writing Assessment Requirement），常會被縮寫爲GWAR。不過基本上，你還是應該避免使用太多的縮寫，特別是那些一般人不太容易理解的縮寫，如前述的GWAR。在較爲複雜的文獻回顧中，使用少數的縮寫可能會有幫助，但是使用太多反而可能容易造成混淆。

準則12：避免使用英文簡寫 —— 在正式的學術寫作中，它們是不恰當的

簡寫是英語使用中很自然的一部分（如：isn't、aren't），它們是語言學上自然簡化過程的一個例子，說明所有語言隨著時間推移，雖緩慢但必然會改變。許多教師（即使是教英文寫作的老師）基於簡寫反映了現代美式英文使用標準變化的可接受程度，因此還是會容許學生使用簡寫。但儘管如此，在大部分的正式學術寫作上，使用簡寫幾乎都是不恰當的。

範例12.12.1

不恰當的簡寫使用

The experimental group **wasn't** instructed to identify their toy animals by color and **didn't** respond to prompts correctly.

範例12.12.2

範例12.12.1的改良版

The experimental group **was not** instructed to identify their toy animals by color and **did not** respond to prompts correctly.

準則13：第一次出現新創造的詞彙時，應使用引號標註

有些時候你可能會需要創造新詞彙，讓你可以僅使用一、二個字，來描述某件原本可能至少要用一整句話才能描寫的事物。而這被創造的新詞，通常會逐漸成為日常使用的寫作方法，就像原本是名詞的「google」，現在也常被用來當作是動詞（例如：可以請你google一下她的地址嗎？）。然而，在正式的學術寫作中，創造詞彙這種寫作方法要非常謹慎地使用。如果你必須要創造詞彙，則在其第一次出現時要使用引號標註，表示讀者無法在任何標準字典中找到這個詞彙的意義。

準則14：避免使用俚語、口語或是慣用語

請記住學術寫作是正式寫作，所以俚語、口語以及慣用語都不適合在文獻回顧中使用。儘管許多俚語像是酷（cool，即「好」的意思）以及「ain't」（即「不」的意思），逐漸成為我們日常對話用語的一部分，不過這些詞語都應該避免在正式寫作中呈現。口語用詞，像是東西（thing）和玩意（stuff），應該要使用較為合適的非口語字詞來替

代（舉例來說：物品、特徵以及特質）。同樣地，慣用語像是「硬起來」（to rise to the occasion）與「推翻對立理論」（to demolish the opposing theories），應該以較爲正式的表達方式來取代，例如「解決需求」（to address the need）或是「不支持其他理論」（to disprove the other theories）。

準則15：拉丁語縮寫僅限於括號內使用，若不在括號　　內則需使用完整的詞組

　　下方列出正式的英文學術寫作中，常使用的拉丁語縮寫。除了「et al.」能夠在括號之外使用，其餘拉丁語縮寫應該用在一段完整句子之後的括號內，例如：「（i.e.，這是一個正確的例子）」。但如果文字或語句並不是在括號內，那麼你應該要使用完整文字，像是：「換句話說（that is），這也是一個正確的例子」。此外，你也需留意這些縮寫的標點符號，特別是使用「et al.」時，「et」後面是不需要縮寫點的。

cf. 相較於	e.g., 舉例來說	et al. 與其他
（compare）	（for example）	（and others）
etc. 等等	i.e., 換句話說	vs. 與……相比
（and so forth）	（that is）	（versus, against）

準則16：以通用寫作慣例檢視你的草稿

有一些寫作慣例是所有學術領域都通用的，因此在你要將草稿交給授課老師閱讀之前，請先檢視並確認你的草稿有完全遵守下列項目。

1. 請確認你在草稿中都有使用完整的句子。大部分學生覺得大聲唸出草稿內容是一個有用的技巧，當你讀到某個句子會突然停止的時候，通常表示這句話表達得不夠清楚且需要再修改。

2. 即便有時可以接受以第一人稱（例如：我認為……、我們都同意……）來撰寫文獻回顧，但在正式的學術寫作中，你還是應該要避免過度使用第一人稱論述。

3. 具性別意涵的詞語，並不適合用於學術寫作中。舉例來說，在整篇論文一直使用具性別意涵的人稱代名詞（例如：他、他的，he、him、his 或是她、她的，she、her、hers），指稱某個你並不清楚其性別的人，這樣的用法是不正確的，若實際上你不知道這位老師的性別，像是「老師離開了**她**的教室……」這類寫法就不太適合。通常在英文寫作中，我們可以使用複數形態的詞彙來取代具性別意涵的詞語，像是「老師們（teachers）離開了他們的（their）教室……」。如果你必須使用單數詞，則可以交替地在整篇文章中使用陽性詞與陰性詞，或是以「他／她」的用法來撰寫論文（he or she）。

4. 你應該要努力提升論文的清晰度，因此，請避免使用間接句子結構與被動語態，像是「在Smith的研究中，其被發現（it was found）……的結果」，應該改為「Smith發現（found）……」。

5. 一般來說，在英文寫作裡從0到9的數字要完整拼出來，例如：one、two等。而10以及10以上的數字，則使用阿拉伯數字表示，例如：25、1995等。不過這項規則有兩個例外，一個是圖表中的數字，另一個則

是有小數點或度量單位（像是kg、km）的數字[4]。

6. 在英文寫作中，以數字或是字母來表示一系列特定順序位置的名詞，其字首字母需要大寫。舉例來說，第十二章（Chapter 12）中準則16（Guideline 16）的項目f（Item f）（請注意，前述的C、G以及I都是大寫）。

7. 在英文寫作中，如果句首是數字，則需要把這個數字完整拼出來，像是：「75（Seventy-five）位研究參與者被訪談……」。但我們可以透過重新改寫句子，讓句首不會出現數字，例如：「研究者訪談了75位研究參與者……」。

準則17：訂定一個精簡且能夠說明內容的篇名

　　文獻回顧的篇名應該要能夠清楚地反映出你的研究領域，同時也要在盡量精簡的前提下，讓讀者了解你的觀點，並且能夠說明你寫的內容。一般來說，篇名除了需具吸引力之外，更應該要能夠為讀者提供如何閱讀論文的參考架構。接下來的幾點建議，將幫助你排除一些訂定篇名時常見的問題：

1. **適當地反映出研究所屬的領域即可**。在訂定篇名時，把你的文章所論述的每一個面向都列出來並非明智之舉，尤其對於那些冗長且複雜的文獻回顧更是如此。如果你真的這樣把所有面向都列出來，你可能會得到一個非常長而且瑣碎的篇名。但篇名應該要能讓讀者更容易進入你的文章建構的世界，而不是讓讀者不得不停止閱讀來思考你的文獻回顧篇名想

---

[4] 譯者註：中文數字的使用方式，請參考中華心理學刊網頁：http://www.cjpsy.com/index_tw.php。

要表達的內容。

2. **可考慮呈現研究偏誤、取向或是限制**。如果你的文獻回顧有非常明確的偏誤、取向或是討論範圍的撰寫限制，建議你可以在標題中呈現出來。舉例來說，如果你的論文是在評論文獻的某些內容，你可以考慮採用下列語句，像是：「……的一項評論（A Critique of ...）」或是「……的一項評析（A Critical Evaluation of ...）」，作為你篇名的部分內容。你也可以藉由使用次標題的方式來說明，例如：「墮胎的政治學：一項質性研究的回顧」，在這個例子中，次標題明確地指出這項回顧僅限於質性研究。

3. **避免「刻意做作」的標題**。避免使用會造成混淆的雙關語、押韻或是其他文學技巧，以免影響讀者對篇名的理解。當你的文獻回顧是有關於閱讀教學領域的全語言教育（whole language approach），像是「字母拼讀與『語言洞』」（Phonics vs. "Hole" Language）這樣的雙關標題設計看起來好像很巧妙（取「whole」與「hole」之間的諧音雙關），不過卻可能會分散讀者的注意力。一個比較能夠說明文章內容的篇名，像是「閱讀是口說的自然或非自然產物」，才可以讓文獻回顧的讀者在開頭就能領會你的文章想討論的主題。

4. **保持簡短**。篇名應該要簡短且精準，專業研討會通常會將投稿論文篇名限制在9個英文字詞左右，這樣主辦單位才有辦法將數百篇論文的篇名呈現在大會手冊之中。雖然這樣的印刷限制並不是學期報告或是專章篇名的規範，不過仍然建議你儘可能地精簡文獻回顧的篇名。根據經驗來說，將篇名控制在10加減3個字（也就是7～13個英文字詞）的範圍內，將會是最合適的長度。

準則18：草稿要儘可能讓讀者容易閱讀（user-friendly）

　　你應該視第一版草稿爲半成品，需將其版面整理好以邀請讀者給予建議，因此草稿應該要清晰易讀，且能讓讀者容易回應你的想法。以下建議可以幫助讀者在閱讀上更爲輕鬆，你也可以請你的指導教授或同事瀏覽這些建議，並請他們再添加其他需注意的事項：

1. **草稿的拼字檢查、英文校對（proofread）以及編輯。**Word等文書處理軟體具有檢查拼字的功能，在請別人閱讀你的文章之前，你可以先用這項功能檢查你的草稿。不過除此之外，你仍然需要親自仔細地校訂你的草稿，因爲電腦這類檢查拼字的功能可能會忽略一些錯誤，例如：「see」和「sea」這兩個單字都是正確的拼法，所以如果你拼錯字母而成爲另一個單字，拼字檢查功能不會發現錯誤。請記住，你的目標應該是撰寫一篇沒有基本寫作錯誤的文章，這樣才能讓你更容易表達文章的內容，讀者也不會因你不小心的基本寫作錯誤而分心。

2. **將文章每一頁編上頁碼。**除了直接在你的文章中標註重點之外，教授們有時候會使用電子郵件或是便籤來書寫他們的對於文章的整體評論。如果你的文章沒有標示頁碼，教授會因爲沒有頁碼作爲參照，而很難以此方式進行評論。

3. **英文草稿請使用二倍行高（中文一般建議至少1.5倍行高）。**單行間距會造成讀者不方便書寫意見，也沒有空間寫下修改的文句建議。同時單行間距也不符合某些領域的論文格式手冊要求，舉例來說，APA論文格式中特別規定所有英文論文都應該要使用二倍行高。

4. **使用標準的一英寸（2.54公分）邊界。**較窄的邊界也許可以幫你節省紙張，但是授課老師要書寫意見的空間就會受到限制。

5. **使用釘書針或長尾夾裝訂草稿。**你的草稿只是授課老師閱讀的許多報告

中的其中一份，將你的文件用釘書機裝訂或是用長尾夾固定好，才不會讓紙張到處散落。如果你是用資料夾或是活頁夾固定文件，要確認每一頁都可以攤平。如果文件無法攤平，你的教授（或主編）會很難在文件的頁面之間書寫意見。

6. **加上封面頁（title page）**。你的老師要閱讀許多報告，而你的草稿僅是其中之一，所以標示清楚哪一份是你的文件就很重要，請記得一定要有一頁排版妥當的封面。

(1) **APA論文格式中要求要有封面頁，頁中的標題文字要置中且需二倍行高。** 封面頁要有完整的論文標題，並且不需加上底線。

(2) APA論文格式沒有要求列出授課老師的名字和繳交日期，不過通常你的大學或者授課老師會在繳交報告時，要求你將此資訊列在封面頁上。

(3) **每頁的頁首都應該要有一個簡短的論文標題與頁碼。** 以英文論文來說，逐頁短標原則上不應該超過50個字元（包括空格）。

範例12.18.1

APA英文封面頁樣式

逐頁短標：（短標題英文請全部大寫）　　　　　　　　　　　　　　　　1

標題

名（First Name）姓（Last Name）

課程名稱

授課老師

繳交日期

7. **論文至少留存一份備份檔案**。你應該要在不同的地方備份你的檔案，而且請務必要保留一份紙本文件！許多學生會使用線上雲端空間服務，像是Dropbox或Google Docs來進行備份，不過如果有一份紙本文件，即使電腦硬碟損壞或是被偷，你仍然會有備份檔案。

8. **如果是繳交紙本論文，確認印刷是否清楚**。雖然現在許多授課老師會偏好或是要求學生繳交電子檔案，不過當你需要繳交紙本文章的時候，要記得確認印刷出來的文件字體顏色是否夠深，以讓授課老師能夠舒適地閱讀。你也應該要確認你的作業要求／課程大綱，或是詢問你的授課老師有關其對於學生作業繳交方面的偏好。

9. **避免花俏**。一般來說，你可以用斜體或粗體，但你應該要避免用顏色來標示文字，不要用插圖或其他特別的裝飾，也不要混用不同大小的字體。整篇文章除了標題之外，其餘內容的字體大小應該統一。以上這些都可能會讓讀者分心於你所呈現的版面樣式，而無法把注意力放在你的文章內容。

準則19：確認那些不是你自己的文字和想法，都有置於引號內並附上文獻來源

以數位格式取用研究資料的風險之一，就是太容易複製原作者所寫的語句併入自己的論文中。因此，對於那些從其他研究獲得的想法和概念，你要留意只能使用你自己的話語去重新撰寫描述，這是文獻回顧寫作中非常重要的事情。當你要引用文獻中的某些字詞、詞組或是整段文字，都必須確認有依照APA論文寫作格式來引用文獻，若是採用其他的論文格式手冊，也需要確認你有遵循該領域的引用格式。

　　在你論述時，可以從眾多正式的論文引用方式中選擇一種使用。對於APA論文格式手冊來說，文內引用的格式（in-text citation）為「作者—日期」，也就是當你直接引述來自於其他作者的文章時，你需要在論文的內文列出作者的姓（last name）與文章出版的年代。特別重要的是，請使用引號於所有不是你自己寫的文字或語句。請見以下範例12.19.1與12.19.2。

範例12.19.1

文章段落中有提到某位研究者，並直接引述其言論

　　根據Galvan與Galvan（2016），「不論在任何情況下，你都應該要正確地直接引述文獻中的文字」（p. 101）。

範例12.19.2

以括號註明引用來源的直接引述

　　哈里森總統的公開演說指出：「不論在任何情況下，你都應該要正確地直接引述文獻中的文字」（Galvan & Galvan, 2016, p. 101）。

註：當你在括號內引用二位作者的名字時，使用連字號（&）而不是用「與」（and）這個字。而如果是在文中引用，則使用「與」。在括號內，你要用分號來分隔二個以上的引用，例如：（Black, 2014; Brown, 2015; Green, 2016）。

　　如果你有將其他文章的想法重新組織與論述，而不是直接引述原作者的講法，在這個情形下，文章中的引用則僅需列出作者名字與出版年代，不需要加上頁碼，請參考範例12.19.3。你在引用書籍、期刊文章或是所

有其他資料來源時，也都是依循這項規則（不需要列上特定或是一組頁碼），請見範例12.19.4。

範例12.19.3

使用括號的非直接引述格式

　　一般來說，各大學都非常嚴格地執行抄襲事件的處罰（Galvan & Galvan, 2016）。

範例12.19.4

使用括號的非直接引述格式

　　Galvan與Galvan（2016）使用三部分歷程，來說明完成一篇文獻回顧的工作流程。

當你引用次級資料來源時，請確認你有清楚地說明。

範例12.19.5

在文中引述次級資料來源

　　（Doe, 引自Smith, 2016）。

　　請注意，只有Smith（2016）才需要被列入參考文獻之中（第十三章會說明關於這方面的準則）。在論文內文中所有引用的資料來源，也必須在文章末的參考文獻中列出。

準則20：請留意千萬不能抄襲

　　如同前項準則所提到的，包含APA在內的所有專業論文格式手冊中，都有專門的準則說明如何正確引用其他作者的文章內容。抄襲是指你明知某些字句、想法或工作成果是其他人的，但在文章中卻沒有註明，使得這些內容看起來像是你自己的論述。由於現在人們已習慣於廣泛使用各種線上資源和資訊，因此當文章要引用已發表的論文和其他人的想法時，應要非常留意引用的相關規則，以免涉及抄襲。

　　如果你並不是很確定什麼樣的情況會被視爲抄襲，建議你可以查詢學校的學生行爲準則（Code of Student Conduct），或是有關學術誠信（Academy Dishonesty）的政策。在大學的網頁中，通常可以找到這些文章內容，或者你也可以在相關處室取得給學生的紙本說明。

　　大學圖書館和大學寫作中心，通常也有自己的防抄襲守則可以讓學生查詢。各大學防抄襲相關線上資訊會列在大學圖書館網頁，通常會與寫作格式手冊以及引用指引放在同一個頁面（請參見第十三章）。以加州州立大學洛杉磯分校（The California State University, Los Angeles）的圖書館網頁爲例，其提供了視訊課程以及其他防抄襲相關的線上守則（http://calstatela.libguides.com/style）。在其首頁點選「關於抄襲」（About Plagiarism），或是頁面中藍色字體「抄襲」（plagiarism）的超連結，就可以進入有這些資訊的相關網頁。

　　華盛頓大學（The University of Washington）的心理學寫作中心（https://psych.uw.edu/undergraduate/writing-center），也提供可以讓學生下載的寫作指引。進入中心首頁點選「寫作指引」（Writing Guides）的連結，會進入PDF格式的講義列表，在「避免抄襲」（Avoiding Plagiarism）的項目下方，你會找到有關學術責任的檔案，標題爲「如何以及何時引用」

（How and when to cite）。這是由大學的學術倫理委員會（Committee on Academic Conduct, 1994）[5]所編製，裡面討論了六種抄襲的類型。如下所示，每個例子都列出(1)原文，(2)有抄襲跡象的文字，以及(3)較爲合適且不涉及抄襲的說法。

1. 使用其他作者的句子，但沒有適當地引述：

   (1) **原文**：新科技不僅刺激了新穎詐騙方式的產生，同時也促進最新詐騙偵測軟體的開發。

   (2) **抄襲**：新科技不僅刺激了新穎詐騙方式的產生，同時也促進最新詐騙偵測軟體的開發。〔註：這個例子是直接使用原作者的文字，但沒有加上任何的引號或是正確的引用來源。〕

   (3) **合適的做法**：根據研究者的觀點：「新科技不僅刺激了新穎詐騙方式的產生，同時也促進最新詐騙偵測軟體的開發」（Paulhus & Dubois, 2015, p. 183）[6]。

2. 採用其他作者的想法，但沒有適當地引述：

   (1) **原文**：在過去，聰明的學生可能會因爲很了解傳統詐騙試探的方式而謹慎行事。

   (2) **抄襲**：以往聰明的學生可能會謹慎行事，因爲他們了解傳統詐騙試探的方式。〔註：在這個例子中，論述的重點被重新排序，也修改了一些字詞，但是寫作者採用了原作者的想法，卻沒有引用原作者的論文。〕

   (3) **合適的做法**：Paulhus與Dubois（2015）認爲：「過去聰明的學生可能會因爲很了解傳統詐騙試探的方式而謹慎行事。」（p. 187）。

---

5 Committee on Academic Conduct. (1994). *Bachelor's degree handbook*. University of Washington.

6 Paulhus, D. L., & Dubois, P. J. (2015). The link between cognitive ability and scholastic cheating: A meta-analysis. *Review of General Psychology, 19*, 183-190.

3. 有引用文獻，但是用與原著完全一樣的文字卻沒有加上引號。

　　(1) **原文**：在過去，聰明的學生可能會因為很了解傳統詐騙試探的方式
　　　　而謹慎行事。

　　(2) **抄襲**：在過去，聰明的學生可能會因為很了解傳統詐騙試探的方式
　　　　而謹慎行事。（Paulhus & Dubois, 2015, p. 187）。〔註：即便
　　　　是加上了引用文獻，但使用與原作者完全一樣的句子而沒有加上引
　　　　號，也會被視為是抄襲。〕

　　(3) **合適的做法**：依據Paulhus與Dubois（2015）的說法：「在過去，
　　　　聰明的學生可能會因為很了解傳統詐騙試探的方式而謹慎行事。」
　　　　（p. 187）。

4. 借用其他作者的語句或句子結構，卻沒有標示引用資料來源。

　　(1) **原文**：在過去，聰明的學生可能會因為很了解傳統詐騙試探的方式
　　　　而謹慎行事。

　　(2) **抄襲**：先前，聰明的學生可能會謹慎行事，是由於他們具有傳統詐
　　　　騙試探方式的相關知識。〔註：寫作者改變了順序，並且修改了原
　　　　文的部分字句，但是完全沒有引用資料的來源。〕

　　(3) **合適的做法**：先前，聰明的學生可能會謹慎行事，是由於他們具
　　　　有傳統詐騙試探方式的相關知識（Paulhus & Dubois, 2015, p.
　　　　187）。

5. 借用其他學生論文的部分或全部內容，或是使用其他人的大綱來書寫你
　　自己的論文。

6. 使用論文代寫服務或是找朋友幫忙代寫。

　　大專院校身為防止學術抄襲的重要角色，因此許多學校會訂購相關線
上軟體，以協助授課老師檢驗學生在作業中是否有抄襲的內容。Turnitin
是一款線上工具，你匯入要檢驗的資料後，即會得到一份報告，其會指出

你的文章與其他文獻資料（不論是線上的或是紙本的）相同的詞語、句子或是段落。有些授課老師可能會給學生權限去查看他們自己的抄襲檢驗報告，圖12.20.1中的範例，就是授課老師匯入學生的作業而生成的抄襲檢驗報告。換句話說，使用這類工具可以讓授課老師很容易找到沒有註明出處，或是沒有適當引用的內容。因此對學生來說很重要的事情，即爲採用其他文獻資料的想法時要非常謹愼，也要好好確認是否都有妥善附上引用來源。

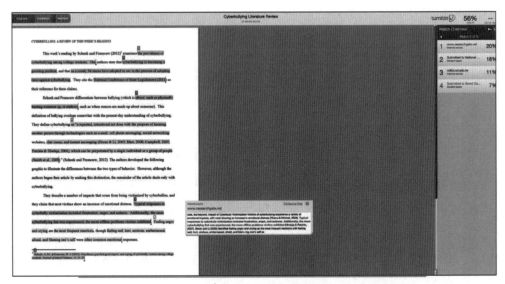

圖12.20.1　授課老師匯入資料之後產生的Turnitin報告範本

註：這篇文章是爲了協助說明本準則而撰寫的，其內容以Schenk與Fremouw（2012）的文獻回顧爲基礎。

對於借用一個字或兩個字是否會構成抄襲，或是某想法是不是眞的屬於該作者，這些問題都很容易引起爭議。然而只要你有適當地引用，其實能夠很簡單地避免產生抄襲。如果你對於自己的文章有任何這類疑問，你

可以與授課老師討論。另外也需要留意，抄襲檢查通常會顯示文獻回顧的文章占有很高的抄襲比例，特別是篇幅較短但有很多引用文獻的文章，這主要是受到參考文獻列表的影響。如果採用像APA格式般的標準論文寫作樣式，因為同一篇論文的文獻引用格式都是一樣的，所以參考文獻會被視為「複製」（copied）的項目。若是使用Turnitin，建議你使用排除參考文獻書目的設定，另外在適當的情況下，也可以把括號中的引用來源排除在檢驗分析之外，這樣的操作可以幫助你找出並再次檢視文獻回顧中所使用／過度使用的直接引述（即使有適當地引用）。如果這些與抄襲有關的事項讓你感到困惑的話，建議找授課老師討論你所遇到的問題。

再次強調，論文抄襲是非常嚴重的問題。在大部分的情形中，這會讓你的作業不及格、課程被當掉或是大學被退學。而碩博士論文的抄襲更可能會讓你的努力全部化為烏有，除了永遠無法再就讀研究所之外，也會導致學術聲望和學術生涯帶有汙點。

準則21：在有需要的時候，要懂得尋求協助

從這章節的內容中，你應該可以很清楚地明白學術寫作對於正確性與精準性的要求很高。當你覺得目前的寫作能力無法滿足這些要求時，也許你就需要尋求協助。國際學生經常會被建議聘請英文編修人員，來幫助他們達到授課老師要求的標準。許多大學的英語系或是其他系所，也會提供寫作相關課程。有些大學則會為那些因碩博士論文要求而痛苦掙扎的學生，提供論文寫作的工作坊，另外，大部分的大學也都設有寫作中心，能夠提供學生各類服務。如果你覺得需要幫助，可以向你的授課老師詢問學校是否有提供相關資源，畢竟，你不能期待你的授課老師幫你修改格式和錯字。

第十二章活動

1. 請檢視授課老師指定／你自己所找的文章之標題：

   (1) 每一個標題是否都能適切地界定出所回顧的領域呢？

   (2) 文獻回顧的標題是否能說明作者的觀點呢？

2. 現在看一下你文獻回顧的第一版草稿：

   (1) 比對你的第一版草稿和之前準備的主題大綱是否一致呢？如果不一致，你的第一版草稿和大綱有哪些不一樣的地方呢？這些不同之處，是否會影響你文獻回顧的論述方向？

   (2) 在文獻回顧中，當你的敘述從某項主題大綱移至另一個項目題材，讀者要如何知道你的論述內容已經轉變了呢（換句話說，你是否有使用次標題或是轉折詞來告訴讀者討論的重點已改變）？請找出二至三處舉例說明。

3. 請兩位沒有修習這門課程的同學或同儕閱讀你文獻回顧的草稿，並請他們針對內容提出評論。收到評論之後，請你比對他們給予的評論與建議。

   (1) 兩份評論有哪些一致的觀點呢？

   (2) 兩份評論有哪些不一致的觀點呢？你會聽從誰的建議？為什麼？

   (3) 他們可能會覺得文獻回顧中有些地方很難以理解，你要重寫這些段落並謹記一件事，你必須讓任何人都能夠清楚了解你的論點。

4. 寫出五個問題來引導你的授課老師或是同儕，讓他們能針對文獻回顧的內容給你回饋。

   (1) 重新閱讀你的草稿，並以授課老師的角度回答你自己的問題。

   (2) 依據你自己的意見回饋修改你的草稿。

   (3) 重新思考你為授課老師或同儕所寫的五個問題。有哪些問題可以被刪減？又有哪些問題是你需要再加上？

這章節中有關準備參考文獻列表的準則，將與《美國心理學會出版手冊》（*Publication Manual of the American Psychological Association*，APA出版手冊）的論文寫作格式原則一致。在社會與行為科學的領域裡，APA出版手冊最常被當成論文寫作的格式準則，你可以在多數大專院校圖書館的參考資料區域找到此書，亦很容易於各大專院校的書局或者APA官網（www.apastyle.org）購買。除此之外，很多大學圖書館網站會提供他們自己製作的易讀版或適用特定領域的引用原則，建議你可以詢問學校圖書館服務台有沒有這方面的資訊。

準則1：建議使用書目管理軟體幫助你整理參考文獻的引用資訊

書目管理軟體已深深改變了寫作者完成文獻搜尋的方法，具有專利的書目管理軟體，例如：EasyBib、EndNote Web和RefWorks，或作為開放資源軟體（免費）的Zotero，都是以幫助研究者蒐集與管理書目資訊為主

---

[1] 本章的原始版本改編自Pan, M. L. (2008). Preparing literature reviews: Qualitative and quantitative approaches (3rd ed.). Glendale, CA: Pyrczak Publishing.，此章有進行更新並大幅改寫。

要目的來設計的。許多大專院校圖書館也會讓學生免費訂閱這類的線上引用編排工具軟體，你可以問問看學校圖書館是否有提供類似的書目管理軟體。

　　為什麼你應該使用這些軟體呢？當你在進行研究時，書目管理軟體能夠讓你建立一個資料庫存，放任何可能會使用到的文獻資料，爲你省下事後還要額外蒐集完整文獻列表的功夫、幫助你縮短冗長枯燥地複製貼上那些可能會用到的文獻至不同文件檔裡的時間，還可以減少爲了確認是否有遺漏任何引用文獻的書目資料而列印的一堆紙張。當然，要不要將這些新技術納入研究過程，是屬於你的個人選擇。這邊提供一些這類軟體的有用功能讓你參考，其中包含但不僅限於儲存整篇文章的PDF檔、儲存相關網頁的螢幕截圖、以及根據關鍵字分類整理文獻的功能，更重要的是，你可以只用一個按鍵，便得到完整且格式無誤的書目資料。而接下來所要提供的格式編排準則，是不論你是否使用書目管理軟體，都需要留意呈現的參考文獻格式。

準則2：將參考文獻列表置於文章的最後，並使用「參考文獻」爲標題

　　標題「參考文獻」（References）應置中，不用加上底線、斜體或上下引號，但須使用粗體文字。這部分會是文章的最後一個部分，除非有額外的作者聯絡資訊或附錄要放在後面。

準則3：參考文獻列表應該只列出有在內文引用的文獻來源

通常作者會有一些資料因為各式各樣的原因而未引用於文章內。這些沒有在文章內引用的文獻資料，便「不應」包含在參考文獻的列表中。請留意，參考文獻列表「只包含」那些你有實際引用並寫在文章裡的文獻資料。

準則4：參考文獻請按照作者姓氏字母的順序排列

若該文獻有多位作者，請以第一作者的姓氏為主（也就是在文獻書目資料中，開頭就提到的第一位作者）。

請注意：如果你使用書目管理軟體來整理那些蒐集到的文獻資料，在你準備好要彙整文獻列表時，你應該可以在軟體介面上找到一個功能叫做「匯出至Word」（Export to Word）。使用這個功能匯出文獻到文書處理軟體後，文獻資料會自動依照作者姓氏字母排序，並且符合文獻第二行後需縮排的樣式（請參考本章準則6），你只需要確認字型和字體大小是否與文章中的其他部分一致即可。

準則5：請使用兩倍行高

在「參考文獻」中的所有文句，都需使用兩倍行高。

準則6：每筆文獻的首句凸排，第二行以及第二行之後 則皆向右縮排

首句凸排（hanging indents）指的是第一行不需要縮排，但後續的句子都需要縮排。如在範例13.6.1呈現的樣子，作者的姓氏將會凸出並對齊頁面的左邊界。

範例13.6.1

三筆依作者姓氏字母順序排列，並使用首句凸排的文獻

Apple, D. W. (2016). Experimental evidence of the XYZ phenomenon. *The Journal of New Developments, 55,* 99-104.

Boy, C. C. (2014). New evidence on the validity of the XYZ phenomenon. *Journal of Psychological Renderings, 44,* 454-499.

Catty, F. B., & Jones, C. M. (2015). The XYZ phenomenon reexamined. *Journal Social and Economic Justice, 167,* 19-26.

準則7：學習如何使用文書處理軟體編排首句凸排的版 型

文書處理軟體讓建立首句凸排的排版變得非常容易，我們用 Microsoft Word作為例子按步驟說明如下[2]：

---

[2] 譯者註：根據中文版的Word操作步驟調整說明。

1. 以段落的形式輸入一筆文獻,即文獻的字句中沒有任何換行或縮排。

2. 在該筆文獻上按滑鼠右鍵並點選「段落」,畫面上將會跳出一個名為「段落」的視窗。

3. 在「段落」視窗中,點選「縮排」項目下的「指定方式」,並在「指定方式」的選單裡,點選「凸排」。(請注意,在此時Word會跳出建議的位移點數,顯示於「指定方式」右邊的「位移點數」,通常標準的大小為2字元。)

4. 點選「確定」[3]。

準則8:將期刊名稱與卷數設定為斜體

如同大多數基礎寫作課程教學生的寫作規則,其說明若遇到英文書籍的書名應使用斜體;同理,期刊名稱也應以斜體呈現。

除此之外,同年出版的各期(issue)刊物將會組成一卷(volume),「第一卷」包含了第一年裡出版的所有期刊、「第二卷」包含了第二年裡出版的所有期刊等,如此類推。而在同一卷的各本期刊內,其頁碼通常會是接續的,該年第一期的第一頁會是p.1,下一期則會跟在前期最末頁的頁碼後開始編,例如:若第一期的最後一頁為p.98,則第二期便會以p.99為第一頁的頁碼接續編排。

由此可知,讀者需要期刊名稱、卷數以及頁碼來找到想要看的文章,期數(issue number)反而變成不是那麼必須呈現的資訊。因此,在參考文獻列表中,卷數應如同期刊名稱般,也要設定為斜體,而期數則不需要

---

[3] 如果Word預設的尺寸太大或太小,請再次按右鍵點選「段落」,並更改「位移點數」的尺寸。

列上去。範例13.8.1呈現期刊名稱（*Applied Cognitive Psychology*）與卷數（*30*）設定為斜體的樣子。

範例13.8.1

將期刊名稱與卷數設定為斜體的參考文獻

Burrell, L. V., Johnson, M. S., & Melinder, A. (2016). Children as earwitnesses: Memory for emotional auditory events. *Applied Cognitive Psychology, 30*, 323-331.

請注意：許多較新的圖書館搜尋引擎，已將文獻引用資訊妥善整理於該文獻的目錄頁。這可以幫助你省下很多時間，不過還是須留意並重複檢查這些引用書目的格式是否正確，以及其是否包含所有必要的資訊。你可能會從中注意到，搜尋引擎建議的引用書目會包含文獻的期數，但就如上面所說的，文獻期數的資訊其實並不重要。圖13.8.1的截圖便是使用OneSearch圖書館資料庫工具查詢所出現的頁面，你可以看到其已整理好該文獻的引用資訊。

準則9：特別留意字母需要大寫的部分

論文寫作格式手冊有特別規範參考文獻在何處需要將字母大寫。舉例來說，APA格式規定在英文文章的主標題和次標題，其第一個字的第一個字母需要大寫。即使期刊單位設定英文文章篇名的所有重要字詞都要大寫，但在內文中，你仍須遵從APA規範來調整標題的字母大小寫。這顯示了某些格式要求無法用邏輯推斷，因此需要特別留意格式手冊裡面的細節。

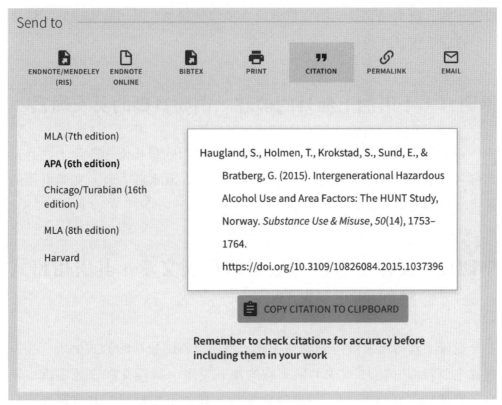

圖13.8.1　在OneSearch點選「引用」（CITATION）後，跳出的視窗[4]

準則10：特別留意標點符號

在參考文獻列表中，若學生沒有正確地使用標點符號，勢必需要回頭訂正直到沒有任何標點符號錯誤。在APA格式的規範內，有關標點符號的

4　譯者註：此截圖與操作方式為譯者於2019年12月使用OneSearch得到的結果。隨著該資料庫的改版或更新，你實際操作時的頁面或點選項目可能會略有變動。

規定，如：紙本期刊論文的文獻書目中，句號應加在其出版年份的括號後面以及該筆書目的最後。

準則11：不用加上額外的標註，例如頁碼的英文簡寫

在APA的期刊書目格式中，頁碼為文獻書目的最後兩組數字，而且規定參考文獻不需在頁碼前加上「p.」或「pp.」等簡寫。至於文內引用的格式，請參考第十二章的準則19。

準則12：從線上資料庫取得的期刊文章，其引用格式應如同紙本期刊

從線上資料庫所取得的期刊文章，請勿以網路資料的形式引用。在這類線上資料庫（如JSTOR）所下載的期刊文章，須視文獻來源為紙本期刊（範例13.12.1）。線上資料庫會提供相關的引用資訊，其有可能會呈現於搜尋結果頁面，或是點選「引用此篇文章」（Cite This Item）所出現的視窗（範例13.12.2）。你即可直接複製並貼上這些引用資料至你的參考文獻列表（點擊頁面右側的剪貼簿圖示），或者匯出至書目管理軟體（點選對應的超連結）。

範例13.12.1

從JSTOR搜尋所得到的期刊出版資料

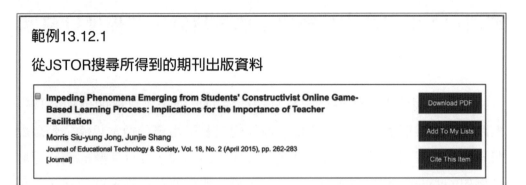

範例13.12.2

在JSTOR點選「引用此篇文章」（Cite This Item）後會出現的視窗

Cite This Item ✕

Copy Citation

MLA

Morris Siu-yung Jong, and Junjie Shang. "Impeding Phenomena Emerging from Students' Constructivist Online Game-Based Learning Process: Implications for the Importance of Teacher Facilitation." *Journal of Educational Technology & Society* 18.2 (2015): 262-83. Web. 📋

APA

Morris Siu-yung Jong, & Junjie Shang. (2015). Impeding Phenomena Emerging from Students' Constructivist Online Game-Based Learning Process: Implications for the Importance of Teacher Facilitation. *Journal of Educational Technology & Society, 18*(2), 262-283. Retrieved from http://www.jstor.org/stable/jeductechsoci.18.2.262 📋

CHICAGO

Morris Siu-yung Jong, and Junjie Shang. "Impeding Phenomena Emerging from Students' Constructivist Online Game-Based Learning Process: Implications for the Importance of Teacher Facilitation." *Journal of Educational Technology & Society* 18, no. 2 (2015): 262-83. http://www.jstor.org/stable/jeductechsoci.18.2.262. 📋

Export Citation

Export to RefWorks

Export a RIS file (For EndNote, ProCite, Reference Manager, Zotero…)

Export a Text file (For BibTex)

Note: Always review your references and make any necessary corrections before using. Pay attention to names, capitalization, and dates.

準則13：引用發表於網路上的資料時，請提供日期[5]與連結

　　發表於網路上的資料可能會有週期性的更動，所以標明你何時取得網路資料的日期是很重要的事情。而你的文獻引用書目通常只能依賴該網路資料的作者和出版品所給的資訊，因此不論如何，提供完整的網路連結（例如www.example.com/retrieve），或其他任何可供辨識的資訊，也是相當重要，像是若知道網路資料的作者名字，你就應該要將這個資訊加入引用書目中。

範例13.13.1

從網路上取得的資料（有出版日期）之文獻引用

Jones, A. A. (2016, July 15). *Some new thoughts on material evidence in the XYZ matter*. Retrieved August 5, 2016, from www.newexample.org/specimen

---

5　譯者註：第七版APA出版手冊有額外說明，當網路資料頁面是刻意設計成可以調整的形式（例如：Facebook首頁、Twitter個人頁面等），或者是屬於會隨時間變動的線上資料（例如：Google地圖查詢結果、時常更新的網頁訊息等），引用書目需要包含資料取得日期——如本準則的說明與範例。如果是一般或者是有提供更新紀錄的網路資料，則不用提供資料取得日期，引用時直接將網路資料的超連結附在標題之後，格式如：Jones, A. A. (2016, July 15). *Some new thoughts on material evidence in the XYZ matter*. www.newexample.org/speci-men。

範例13.13.2

從網路上取得的資料（無出版日期）之文獻引用

Jones, A. A. (n.d.). *Some new thoughts on material evidence in the XYZ matter.*

　　Retrieved August 5, 2016, from www.newexample.org/specimen

範例13.13.3

從網路上取得的資料（無作者及出版日期）之文獻引用

Sample Research Society. (n.d.). Some new thoughts on material evidence in the XYZ

　　matter. Retrieved August 5, 2016, from www.newexample. org/specimen

準則14：書籍的引用格式亦需遵從格式手冊的規範

　　範例13.14.1呈現APA格式規範中，書籍參考文獻的引用格式。請注意，書籍引用的格式在APA出版手冊第六版與第七版有所差異，在整理時需根據你寫文獻回顧的目的，留意授課老師、指導教授或期刊投稿須知所指定參考的手冊版本[6]。

6　譯者補充第七版APA出版手冊的書籍引用格式。

範例13.14.1

書籍參考文獻的APA格式

● 第六版（需包含出版社地點）

Martocci, Laura. (2015). *Bullying: The social destruction of self.* Philadelphia, PA:

　　　Temple University Press.

● 第七版（有出版社名字即可，不需包含地點）

Martocci, Laura. (2015). *Bullying: The social destruction of self.* Temple University

　　　Press.

準則15：若使用線上書目管理軟體，請確認其匯出的引用格式是否正確

　　你可能會選擇使用書目管理軟體來輔助你整理參考文獻列表，若是如此，確認其匯出的文獻列表格式是否正確便相當重要。例如，範例13.12.2提供一筆引用書目包含超連結的APA建議格式。而根據你引用這筆文獻的位置（註解、文內引用或參考文獻列表等等），該資訊須適當地依據慣用格式做調整。針對參考文獻列表來說，建議你根據上述準則1至準則14，再次重複確認你所匯出的引用格式。

準則16：反覆比對參考文獻列表與文內引用的文獻

　　除了確認所有在文章中引用的文獻都已列在參考文獻列表之外，也需

交互檢查作者名字的拼音以及文獻出版年份，確認這兩者在文內引用與參考文獻間是否皆一致。

結論

在本章中並未說明如何引用特定類型的文獻，有關這些文獻格式，建議可以參考綜合性的寫作格式手冊，例如《美國心理學會出版手冊》。在這類手冊中，會詳述如何引用多種特定的資料來源，例如新聞文章、發表於學術會議的未出版論文或技術報告等。

第十三章活動

1. 建立一份參考文獻列表並使用首行凸排的格式。
2. 詢問你所在的大學圖書館是否有提供免費的書目管理軟體，建立並匯出一份參考文獻列表至你的文書處理軟體，請不要忘記確認你的列表是否有運用本章提到的所有格式準則。
3. 你有引用到任何本章未提及的文獻來源嗎（例如：新聞文章或研討會論文）？如果有的話，請參考合適的線上或紙本引用原則，以了解如何整理成正確的引用格式。

完善最終稿：自我修訂檢查表

最終稿在內容、寫作與格式上，都應該儘可能地正確無誤。在你謹慎地考慮了同儕和學術指導者的意見回饋，並根據這些建議修改草稿後，最後應該再仔細地修訂一次你的稿件，這回的檢查重點在於稿件的正確性。

下列檢查表中的項目分類，是參考一些授課老師批改學生寫作的主要評量標準。其中大部分的項目對於撰寫碩博士論文來說都非常關鍵，不過如果你寫的是一篇要在一個學期內完成的學期報告，你的授課老師可能會斟酌減少一些要求。

你會發現檢查表中大多數的項目都曾在前面章節的準則提到過，不過此檢查表還增加了許多額外的內容，這些內容涵蓋了學生寫作者會不小心忽略的常見問題。你應該把這份清單給你的授課老師看，並詢問他們是否有想增加或刪除一些項目。

請記住，這份檢查表的目的是幫助你改善稿件，而稿件最終的完美程度將取決於你有多仔細地修訂自己的作品。

遵守校對和改寫的寫作程序

1. 你是否有請你的授課老師看過此檢查表，並請他們建議要添加或刪除的項目？

2. 在完成最後的草稿後，你是否有將稿件暫時擱置幾天再開始進行修改

（即你是否有適當地建立你與稿件之間的距離感，讓你可以將你的角色從「作者」轉換為「讀者」）？

3. 你是否有邀請一位或者多位人士評閱你的稿件？

4. 這些評閱人提出的意見你都處理了嗎？

5. 你是否釐清了評閱人之間所有分歧的意見？

研究主題的重要性

6. 從理論或實務的角度來看，你的研究主題是否重要？

7. 研究主題是否有提供一個嶄新的觀點，或指出過往文獻的研究缺口（即它是否提出一個之前從未被討論過的問題）？

8. 你是否有妥善陳述和提供正當理由，說明你研究主題的意義或重要性？

9. 對於你的研究領域來說，這個研究主題是否合適？

10. 根據相關研究文獻的進展，現在是否為提出這個研究主題的最佳時機？

11. 文章的篇名是否可以充分地形容你想回顧的研究主題？

文章結構與其他整體因素

12. 你的文獻回顧是否有包含前言、討論和結論部分？

13. 你有列出參考文獻嗎？

14. 你的文獻回顧長度和架構是否有符合以下標準？(1)授課老師的標準——如果你在寫課堂學期報告；(2)口試委員會召集人的標準——如果你在寫碩博士論文；(3)目標期刊的投稿須知——如果你是為了出版而寫作。

前言的成效

15. 前言是否有說明你所回顧的文獻範圍，以及為什麼這個研究主題是重

要的？

16. 你是否有在前言中說明這篇文章的整體架構？

17. 前言是否有呈現你在這篇文章將遵循的論點？

18. 前言是否有說明文章將會包含或沒有包含哪些內容，以及這樣處理是否恰當？

19. 前言是否詳細說明了你的論述或觀點，以及是否有切合主題？

參考文獻的新穎性與相關性

20. 你有回顧這個研究主題的最新相關文獻嗎？

21. 你所回顧的研究文獻是近期的嗎？

22. 如果你引用了較早期的文獻，引用這些文獻的理由是否充分呢？

23. 當你描述一些研究結果具有說服力時，你是否有解釋原因？

24. 當你描述其他研究結果不夠可信的時候，你是否有解釋原因？

25. 你是否有說明相關文獻間的主要模式或趨勢？

26. 你是否有指出稿件內所引用的經典或指標性研究？

27. 對於這些經典研究與那些可能受其影響的後續研究，你是否有詳細說明它們之間的關係？

文獻回顧的全面性與準確性

28. 你回顧的文獻範圍是否適當？

29. 你是否有注意到並也解釋了過往文獻的研究缺口？

30. 你是否有說明此領域的相關爭議？

31. 如果第30題你的回答為「是」，你是否清楚各篇研究文獻在此爭議中的立場？

32. 你檢查過草稿的平衡論述嗎？

33. 你是否有注意到並解釋了研究之間的關係，例如：哪些研究做得比較早？哪些研究間有相似性？哪些研究間有差異？

34. 你是否有指出關鍵名詞或概念的來源？

35. 你的文章是否有研究缺口存在呢？

論述的脈絡與連貫性

36. 你所回顧的文獻是否有對應到你主題大綱的內容？

37. 你是否有刪除那些與你的論述無關的文獻引用？

38. 你是否有在文章中清楚說明你的論點？

39. 你的文獻回顧是否有依邏輯連貫每個部分？

40. 如果你有使用後設評論（meta-comments，第十一章準則6），這些後設評論是必要的嗎？

41. 如果你有使用次標題，其是否能幫助加強你的論點呢？

42. 如果你沒有使用次標題，增加次標題會有助於加強你的論點嗎？

43. 你的文章條理是否清楚？若加入額外的轉折詞或修辭手法，是否能夠幫助你呈現文章段落是如何連貫在一起的？

結論的成效

44. 對讀者來說，你的結論是否有為文章收尾？

45. 你的結論是否有涉及前言提出的論述？

引用的正確性與參考文獻列表

46. 對於在文章段落中引用文獻的方式（例如：何時使用括號、如何引註多位作者或如何引用次級資料），你是否有確認過自己使用的論文格式手冊所規範的相關準則？

47. 你是否有檢查文章內的每一處引用，並確定都有將這些引用列入你的參考文獻列表？

48. 你是否核對了參考文獻列表裡的每筆文獻書目，並確保每一筆都有引用在你的文章中？

49. 在參考文獻列表中，你是否有刪除那些文章未引用的書目？

50. 參考文獻列表所包含的文獻，是否大多為近期發表的研究？

51. 你是否有檢查文內引用與參考文獻書目的日期之正確性？以及是否有交互比對兩者間的一致性呢？

52. 你是否有檢查文章內和參考文獻列表中，書目資訊的作者姓名拼寫之正確性呢？

稿件整體的版面格式與寫作正確性
53. 你是否有仔細閱讀與修訂你的稿件？

54. 你最後是否有檢查整份稿件的錯字？

55. 你的邊界設定是否合適？

56. 你是否在每一頁都有標示頁碼？

57. 你的英文稿件是使用二倍行高嗎？（若是中文稿件，是否用1.5倍行高？）

58. 你有沒有在稿件中列出你的全名（若是碩博士論文，還需列出你的電話號碼或電子郵件地址）？

格式與語言運用的適當性
59. 你是否有仔細地閱讀過你的研究領域之論文格式手冊？

60. 你是否有根據論文格式手冊檢查你的稿件，確定稿件格式與手冊所規範的一致？

61. 你的標題格式是否有符合相應的論文格式手冊規定？

62. 如果你使用了拉丁語縮寫（例如：i.e., e.g., etc.），它們是否在括號中？你是否有檢查縮寫所需要的標點符號？

63. 如果你使用了很長一段的直接引述，請確認其是否必要呢？

64. 是否每段直接引述對你的文獻回顧都有重要貢獻呢？

65. 這些直接引述是否能夠被改寫？

66. 你是否有避免在關鍵的名詞和概念上使用同義詞？

67. 如果你創造了一個新名詞，你是否有在第一次使用時加上引號？

68. 你是否有避免使用俚語、口語以及慣用語？

69. 你是否有避免使用簡寫？

70. 你是否有包含任何與你文獻回顧論點無關的註解式段落？

71. 你是否有避免使用一連串的註解式段落？

72. 在第一次提到某個縮寫詞時，你是否有將它的全名完整寫出來？

73. 如果你以第一人稱寫作，請確認這樣的用法是否適當呢？

74. 你是否有避免使用具性別意涵的詞語？

75. 如果你在英文的文獻回顧段落中加入了數字，你是否有將數字0至9完整拼出來？

76. 如果你使用英文名詞加上數字來表示一系列中的特定順序位置，你是否有將該名詞大寫（例如：本列表中的「題目76」寫成「Item 76」）？

77. 如果英文句子的開頭為數字，你是否有把該數字完整拼出來？

文法的正確性

78. 你的有檢查過稿件文法的正確性嗎？

79. 你的稿件中的每一句話都是完整的嗎？

80. 你是否有避免使用間接句子結構（例如：「在Galvan的研究中，其結果被發現……」）？

81. 時態的使用是否一致（例如，當你使用了現在式描述一項結果，你便需要持續使用這種時態，除非你是在評論研究間的過去歷史關係）？

82. 你是否有檢查逗號和其他標點符號使用上的正確性？

83. 你是否有試圖避免複雜的句子結構？

84. 如果你寫的句子很長（如橫跨幾行的長度），有沒有試過將它們分成兩個或是多個句子？

85. 如果你寫的段落很長（如涵蓋一頁或更長的程度），有沒有試過將它們分成兩段或多個段落？

額外的修訂步驟：針對非英語母語者和有寫作困難的學生

86. 如果你的英語能力較弱，你有沒有尋求英文校對人員的幫助？

87. 你有檢查整篇稿件中冠詞的用法是否正確嗎（例如：a, an, the）？

88. 你有檢查稿件中介系詞的用法是否正確嗎？

89. 你有檢查每個英文句子的主詞－動詞一致性（subject-verb agreement）嗎？

90. 你有檢查稿件中的慣用語使用是否適當嗎？

指導老師建議的其他準則

91. ＿＿＿＿＿＿＿＿＿＿＿＿＿＿＿＿＿＿＿＿＿＿＿＿＿＿＿

92. ＿＿＿＿＿＿＿＿＿＿＿＿＿＿＿＿＿＿＿＿＿＿＿＿＿＿＿

93. ＿＿＿＿＿＿＿＿＿＿＿＿＿＿＿＿＿＿＿＿＿＿＿＿＿＿＿

94. ＿＿＿＿＿＿＿＿＿＿＿＿＿＿＿＿＿＿＿＿＿＿＿＿＿＿＿

95. ＿＿＿＿＿＿＿＿＿＿＿＿＿＿＿＿＿＿＿＿＿＿＿＿＿＿＿

國家圖書館出版品預行編目資料

如何撰寫文獻回顧：給社會與行為科學領域學
生的寫作指南／Jose L. Galvan, Melisa C.
Galvan著；姜定宇等譯. -- 初版. -- 臺北
市：五南，2020.11
　　面；　公分
譯自：Writing literature reviews: a guide for
students of the social and behavioral sciences.
　ISBN 978-986-522-331-1（平裝）

1.社會科學　2.行為科學　3.研究方法
4.論文寫作法

501.2　　　　　　　　　　　　　109016558

1HOV

如何撰寫文獻回顧：給社會與行為科學領域學生的寫作指南

作　　者 — Jose L. Galvan & Melisa C. Galvan

譯　　者 — 姜定宇（153.2）、林佳樺、李雨蒨、柴　菁

發 行 人 — 楊榮川

總 經 理 — 楊士清

總 編 輯 — 楊秀麗

副總編輯 — 王俐文

責任編輯 — 金明芬

封面設計 — 王麗娟

出 版 者 — 五南圖書出版股份有限公司

地　　址：106台北市大安區和平東路二段339號4樓

電　　話：(02)2705-5066　　傳　　真：(02)2706-6100

網　　址：https://www.wunan.com.tw

電子郵件：wunan@wunan.com.tw

劃撥帳號：01068953

戶　　名：五南圖書出版股份有限公司

法律顧問　林勝安律師事務所　林勝安律師

出版日期　2020年11月初版一刷

定　　價　新臺幣400元

經典永恆・名著常在

五十週年的獻禮——經典名著文庫

五南，五十年了，半個世紀，人生旅程的一大半，走過來了。
思索著，邁向百年的未來歷程，能為知識界、文化學術界作些什麼？
在速食文化的生態下，有什麼值得讓人雋永品味的？

歷代經典・當今名著，經過時間的洗禮，千錘百鍊，流傳至今，光芒耀人；
不僅使我們能領悟前人的智慧，同時也增深加廣我們思考的深度與視野。
我們決心投入巨資，有計畫的系統梳選，成立「經典名著文庫」，
希望收入古今中外思想性的、充滿睿智與獨見的經典、名著。
這是一項理想性的、永續性的巨大出版工程。
不在意讀者的眾寡，只考慮它的學術價值，力求完整展現先哲思想的軌跡；
為知識界開啟一片智慧之窗，營造一座百花綻放的世界文明公園，
任君遨遊、取菁吸蜜、嘉惠學子！